序にかえて——言論の自由が存在しない国より

大韓民国は、表向きには自由民主主義国家である。憲法第一条において、「大韓民国は民主共和国」と定められている。第一条第二項では「主権在民」と謳われている。ところがなんと、韓国には言論の自由が存在しない。憲法第二一条には、言論の自由が明記されており、出版、集会、結社の自由が同条で保障されている。しかし、集会、結社の自由は無制限といえるまでに許容されているが、報道、言論、出版などにはタブーと制約が多いのが現状である。

まさかと思われようが、実例をあげてみよう。一九八〇年五月十八日、全羅南道光州《チョンラナムトクワンジュ》で起こった大規模なデモが暴徒化して官公署に放火、軍の武器庫を襲って銃器を奪取、市民軍なるものを組織して一般市民と戒厳軍に発砲、多数の死傷者を出した。それにもかかわらず、これは民主化闘争であるとされた。デモや暴動だったとは公に発言できないし、記述することもできない。もし、誰かが新聞に「あれは暴動だった」と解説したり、テレビで発言したならば、その人はたちどころに告訴される。そして新聞やテレビ局は、謝罪しなければならない羽目に遭う。

韓国で池萬元《チ・マンウォン》博士といえば、正論を唱える軍人出身の論客として知られる。彼は二〇〇二年八月、光州事件あるいは光州事態という客観的な表現を使いながら、その真相をありのままに記述した。すると十月には池博士の事務所に正体不明な怪漢が押し入り、手当たり次第に家財を壊して立ち去った。その数日後、光州から検事と名乗る青年三人が事務所にあらわれ、拉致同然に池博士を車に乗せて走り去った。それからまた数日後、池博士は光州刑務所に拘留されていることがわかった。

こんな乱暴狼藉なことが、韓国ではよく起きるのである。そこでメディアは「光州」という「熱いポテト」にはできる限り触れないようにしている。

＊

つい最近のことだが、こんな出来事もあった。二〇一六年のある日、公安検事出身で著名な弁護士のK氏が突然、告訴された。容疑は名誉毀損。K氏は、従北左傾政党（こう口にするだけでも告訴の対象になりうる）と知られる強力な野党「共に民主党」の有力大統領候補だとされていた文在寅《ムン・ジェイン》氏を名指しで「共産主義者の疑いがある」と発言した。すぐさま名誉毀損でK氏は告訴され、多額の損害賠償を求められた。名誉毀損と言い掛かりを付け、損害賠償を求める、これが韓国の左傾分子の典型的かつ常套的なやり口である。

法院（裁判所）はたいていの場合、原告勝訴の判決を下す。ソウル地方法院も例外ではなく、K氏に有罪判決を下し、損害賠償として三〇〇〇万ウォン（一〇ウォン＝一円）の支払いを命じた。K氏はもちろん判決を不服として高等法院に控訴して、現在係争中となっている。ちなみに、私自身、金大中《キム・デジュン》政権となってから、一七件も告訴され、時価七億ウォン相当の自宅が競売に付された経験がある。

もしも韓国に言論の自由があるならば、こういう問題は各種の言論媒体を使っておおいに論議をすればすむことではなかろうか。

K氏が文在寅氏を共産主義者ではないかと疑う根拠は明確なものである。文氏は北朝鮮が主張する韓国の国家保安法撤廃、国家情報院廃止、米国と北朝鮮間の平和協定締結支持、連邦制統一方策支持などを公的に表明している。K氏側はこれらの根拠を地方法院に提出したが、地方法院はこれらの申し立てを無視して有罪判決を下した。これは、韓国の憲法が保障する言論の自由を源泉から封じる判決だとするのが、法曹界や識者層の共通した見解である。

＊

韓国には言論の自由が存在しないというもう一つの例は、韓国と日本との関係にも見られる。誰かが新聞やテレビで「日韓合併」という表現を使ったり、「韓日合併は日本のせいばかりではなく、韓国や韓国人にも落ち度があった」などと言ったならば、その人はおそらく告訴されるか、売国奴呼ばわりされるだろう。

韓国では、韓日合併または日韓合併ではなく、「日帝強占」と表現しなければ、売国奴と同義の「親日派」扱いされる。悪いのはあくまでも日本だけであって、韓国は「絶対善」でなければならない。私は韓国内では親日派と見られ、日本では反日派の範疇に入るであろう。しかし、私は自分の国、韓国を愛する愛国者と自負するが、日本を包括的に批判する反日派ではない。ただ、是々非々でありたいのである。

韓国は日本と同じく、自由民主主義国家であると誰もが認めている。しかし、その自由民主主義の中身は、韓国と日本とでは似て非なるものと言うほかない。日本では、言論にタブーがほとんど存在しない。新聞、雑誌、テレビで公になんでも発表できる。ところが韓国には、表立っては口に出せないタブーがあまりに多い。

例えば、李承晩《イ・スンマン》大統領や朴正熙《パク・チョンヒ》大統領など保守主義的な指導者をいくらでも批判できる。感情的な非難であっても、根拠なき悪口雑言であっても限りなく許される。ところが、大韓民国の建国に反対して北朝鮮の金日成《キム・イルソン》と組み、ライバルの李承晩に反抗した元上海臨時政府主席の金九《キム・ク》に対する非難や批判はタブーだ。李承晩の銅像はないが、金九の雅号の「白凡《ペクポム》」をとった通りの名、銅像はいたるところにある。金大中大統領や彼の出身地である全羅道に対する批判的な言説も禁忌事項だ。

世の中を自由自在、縦横無尽に批判することを業とするジャーナリストや評論家にとって、韓国は実に不便きわまりない国だ。私がつたない日本語で隣国の良識ある読者に訴えようとする所以である。

＊

普通の韓国人や日本人、特に若い世代にとっては共に頑迷な先入観や偏見はさほどないように見受けられる。年間四〇〇〇万人から五〇〇〇万人もの両国の人たちが往来しているのを見ても、それはわかる。だが、どの国でも目に見える現象だけでは、その国を正確に理解することはむずかしい。現象とは異なる真相というものがあるからである。この拙著は、なるべく日本人の目には届かない真相に迫りつつ、今日の韓国と韓国人の真の姿を映したつもりである。

一九六七年春、私はベトナム戦争の取材から帰国の途中、日本を訪れて以来、年平均、四、五回は訪日している。今年でちょうど五〇年、少なくとも二〇〇回は日本の土を踏んだことになる。また旅行だけではなく、滞在したこともある。一九七五～七六年は慶應義塾大学新聞研究所で、朝鮮日報社を退職してからの一九九二～九三年は東京大学東洋文化研究所で訪問研究員として東京で暮らした。朝鮮日報特派員としては一九七八～八五年までのあいだ、東京に住みながら北海道から九州、四国までを歩く機会もあった。東京は私にとって第二の故郷といつも感じている。

時には、日本と日本人を平均的な韓国人より知っているつもりであった。だが時がすぎるにつれ、それはとんでもない慢心と驕りにすぎないこととつくづく感じている。もっと謙虚な心構えで勉強しなければいけないと思う毎日である。

私は伝統的な韓国家屋の優美な線を愛し、日本の衣裳の色を好む。私は一六世紀の海の英雄、李舜臣《イ・スンシン》を尊敬し、日本朱子学の祖、李退渓《イ・テゲ》を崇める。と同時に、高麗の悲劇を小説『風濤』で描いた井上靖、閔妃《ミンピ》暗殺を韓国の作家以上に詳しく描写した角田房子に感動する。

慶應義塾大学に遊学した時、福沢諭吉の時事新報に関する論文に取り組んだ（慶應大学新聞研究所年報一八号に要約掲載）。日本に関して私なりの未熟な観察を『韓国人が見た日本』（サイマル出版会刊）にまとめたこともある。そんな経験がある私だが、まだまだ日本の歴史や文化にうといことを自覚している。もっと、もっと勉強したい、知りたいことも多々ある。世界最古の長編小説『源氏物語』『日本書紀』『古事記』をもっと丹念に読みたいものだ。本居宣長や荻生徂徠にも関心を寄せている。私の日本に関する知識は、生かじりの段階でしかない。

日本文化についての知識がまだまだの書生が、この拙著を日本で問うのは、朝鮮の民謡を美しい日本語に訳した故金素雲《キム・ソウン》先生にあやかりたい気持ちからであった。金先生は「醜い祖国」を機会あるごとに批判しながら、同時に日本と日本人を叱り飛ばした。金先生は、母が醜くても、いかんせん母であるように、醜い祖国を叱りながらも愛していた。私はそのような境地には遠く及ばない。ただ真似をするだけである。

なお、歴史上の人物、もしくは文脈の流れから敬称を略している場合もあるが、そのあたりをお含みくださり、ご了承を願いたい。

末筆になったが、これで三回目の出版の面倒を見て下さった増田敦子さんをはじめ、草思社の皆様には、感無量の思いを申し述べて感謝の言葉に替えさせていただきたい。

二〇一七年五月三十一日

ソウルにて　李度珩《イ・ドヒョン》　識

目次

四章 「乱」が変えてきた歴史

五章　今日にいたる歴代政権の功罪

六章　北が仕掛けた今日の混迷

註

結びにかえて――「恨」と民族主義がもたらした事態

〔韓国の主要政党の変遷〕

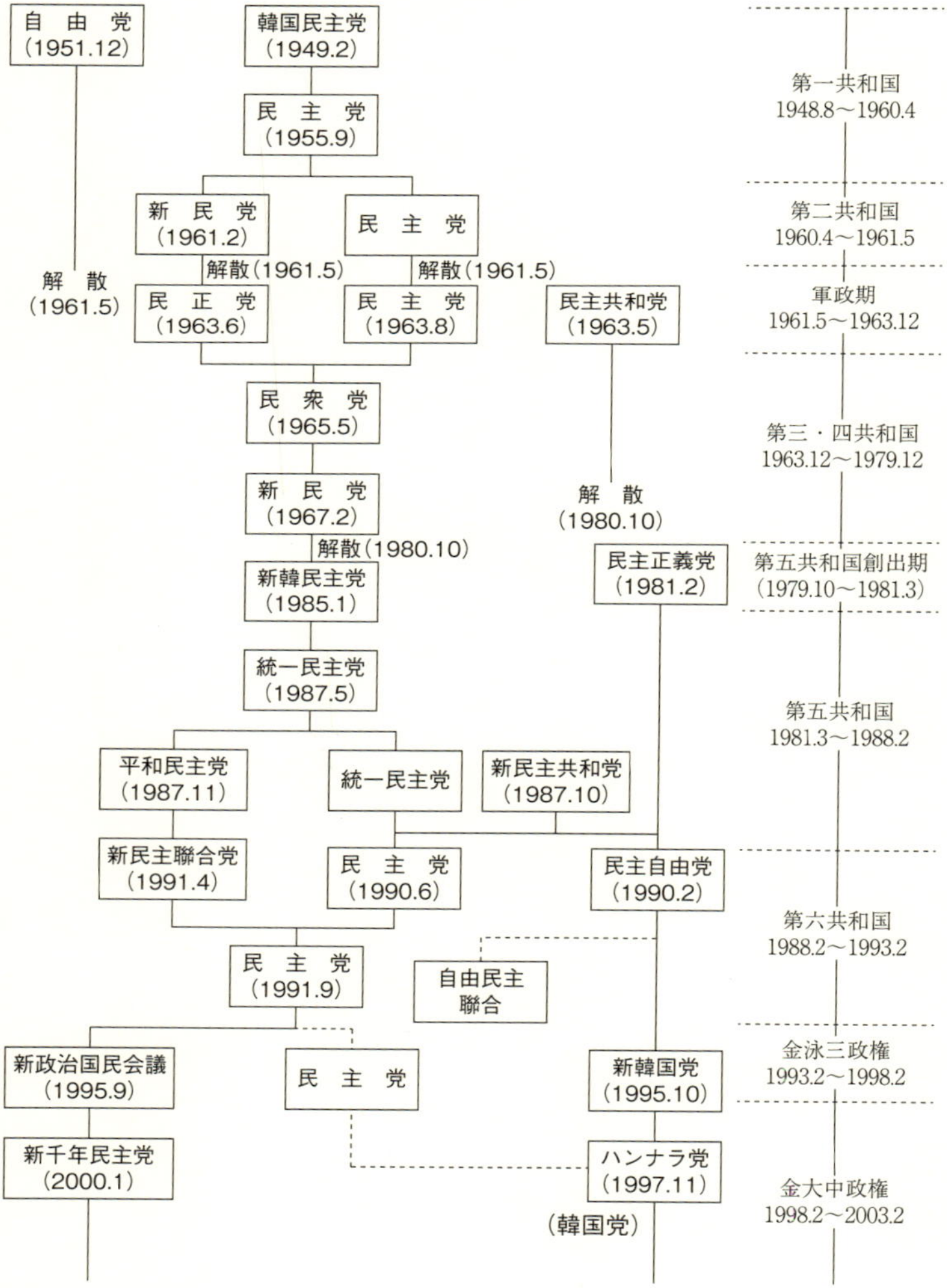
自由党
(1951.12)
韓国民主党
(1949.2)
民主党
(1955.9)
新民党
(1961.2)
民主党
解散
(1961.5)
解散(1961.5)
解散(1961.5)
民正党
(1963.6)
民主党
(1963.8)
民主共和党
(1963.5)
民衆党
(1965.5)
新民党
(1967.2)
解散
(1980.10)
解散(1980.10)
新韓民主党
(1985.1)
民主正義党
(1981.2)
統一民主党
(1987.5)
平和民主党
(1987.11)
統一民主党
新民主共和党
(1987.10)
新民主聯合党
(1991.4)
民主党
(1990.6)
民主自由党
(1990.2)
民主党
(1991.9)
自由民主
聯合
新政治国民会議
(1995.9)
民主党
新韓国党
(1995.10)
新千年民主党
(2000.1)
ハンナラ党
(1997.11)
(韓国党)
第一共和国
1948.8〜1960.4
第二共和国
1960.4〜1961.5
軍政期
1961.5〜1963.12
第三・四共和国
1963.12〜1979.12
第五共和国創出期
(1979.10〜1981.3)
第五共和国
1981.3〜1988.2
第六共和国
1988.2〜1993.2
金泳三政権
1993.2〜1998.2
金大中政権
1998.2〜2003.2

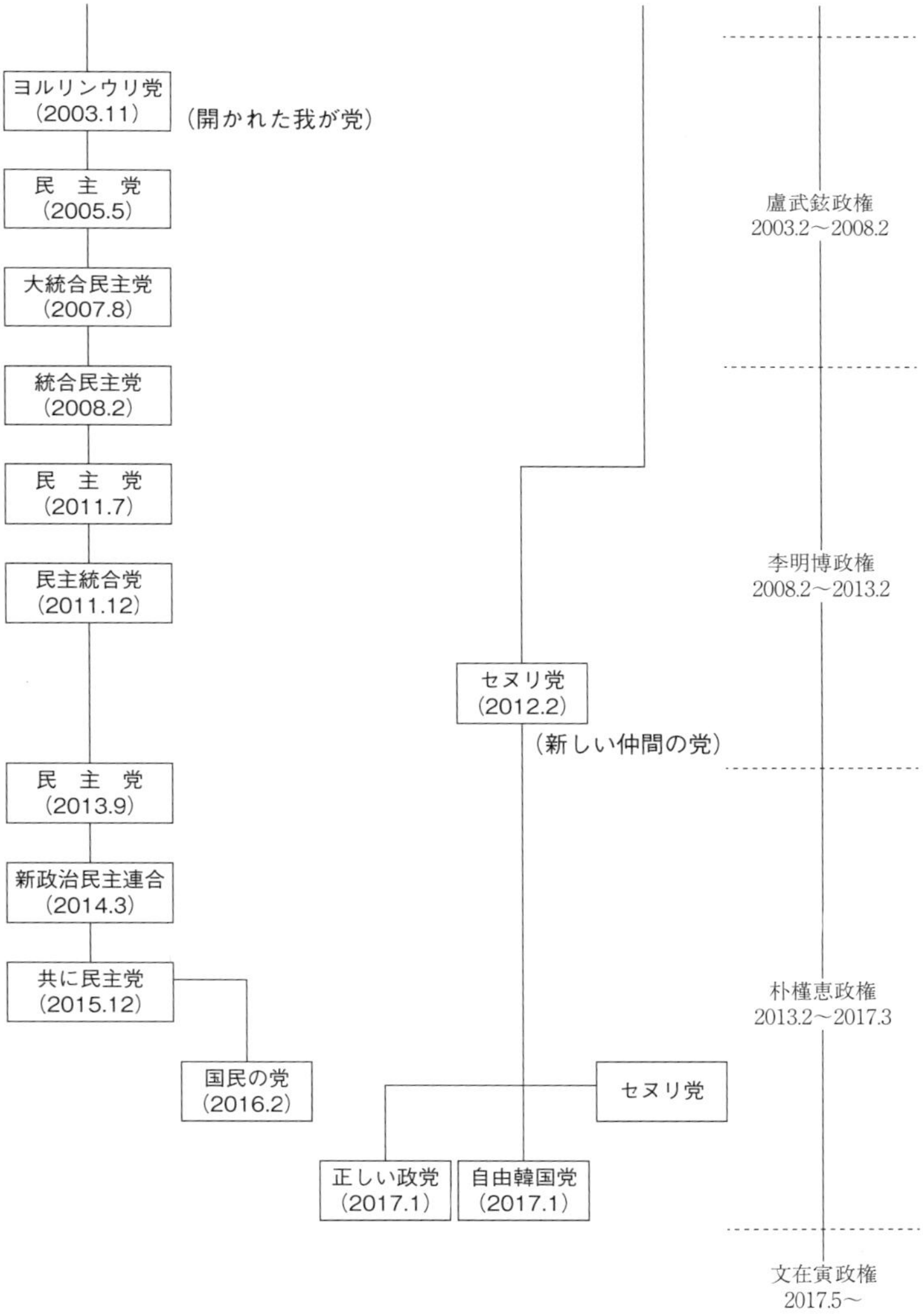
ヨルリンウリ党
(2003.11)
(開かれた我が党)
民　主　党
(2005.5)
大統合民主党
(2007.8)
統合民主党
(2008.2)
民　主　党
(2011.7)
民主統合党
(2011.12)
民　主　党
(2013.9)
新政治民主連合
(2014.3)
共に民主党
(2015.12)
国民の党
(2016.2)
セヌリ党
(2012.2)
(新しい仲間の党)
セヌリ党
正しい政党
(2017.1)
自由韓国党
(2017.1)
盧武鉉政権
2003.2～2008.2
李明博政権
2008.2～2013.2
朴槿恵政権
2013.2～2017.3
文在寅政権
2017.5～

韓国は消滅への道にある

一章　軍事同盟の崩壊が始まる

筒抜けになっている最高度の軍事情報

二〇〇五年春のある日、私は離任する在韓米軍司令官と立ち話をしていた。場所はソウル市龍山区《ヨンサン》キャンプ・ヨンサンにあるドラゴン・ヒル・ロッジ、その中二階の宴会場だった。三年の任期をおえて離任、帰国するラ・ポルテ陸軍大将は、はげ上がって光る頭、短軀ながらがっちりした体格の軍人であった。ラ・ポルテ将軍は左手にグラスを、右手を私の肩に置きながらこう語り掛けた。

「ねえ、ミスター・リー、私は非常に幸運な男だよ。過去三年間、米軍人の誰もが経験できなかった素晴らしい経験をしたよ。というのは、私の麾下にあった韓国軍将兵は世界に冠たる精強な軍隊でしょう。それに私と共に勤めた同じ四ツ星（大将）の米韓連合軍副司令官も実に素晴らしい軍人だった……」

よくある外交辞令にしては、あまりに彼の目が真摯なものに映り、つい相槌を打たざるをえなかった。ところがラ・ポルテ大将は、トーンを変えながら話を続けた。「ところがね、韓国軍人の副司令官のほかに、もう一人コリアンの将軍がいたんですよ」。私はびっくりした。もう一人のコリアンの将軍とは誰なのか。いぶかしげな私の表情を見抜いたラ・ポルテ大将は次のように語った。

「我々は情報を共有していましたよ。ところがもう一人の将軍が我々の情報を共有していることが、あとになってわかってきたんですよ」

彼がいう「もう一人のコリアンの将軍」とは、二〇一一年十二月に死去した北朝鮮の金正日《キム・ジョンイル》国防委員長を指す。ラ・ポルテ大将を見送るレセプションには、米陸軍協会韓国支部の一員として招かれていた。その席で私は、韓米連合軍司令官その人から、「我々二人、軍司令官と副司令官以外に、我々のC4Iを共有していたもう一人の将軍がいたことをつい最近まで知らなかった」と独白されたのである。ここまで言及したラ・ポルテ大将は、誰かに手招きされて私のそばから離れたので、それ以上くわしい話を聞くチャンスを失った。ただ、韓米連合軍司令部の軍事情報が敵側に筒抜けで伝わっていたということは把握できた。

韓米連合軍はC4Iの優越を誇っていた。承知のようにC4Iとは、「Command, Control, Communication, Computer and Intelligence」のことであり、これは北朝鮮軍の追随を許さない分野とされていた。それが筒抜けとは一体、どうしたことか。

そう聞いて考えてみると、二〇〇〇年に入ったころからか、北朝鮮の諜報機関は間諜を南派する必要性を感じなくなっていただろう。なぜならば、北朝鮮当局が切実に必要としている韓国の軍事情報は、わざわざ外部から韓国軍内部に要員を浸透させなくとも、容易に入手できるようになっていたのである。最高統帥権者たる大統領の信任が厚い者が政府や軍の中枢に置かれているのだから、大統領の意向ひとつで韓米連合軍の日々のトップ・シークレットも、北朝鮮軍の最高責任者、当時は金正日国防委員長の机の上にすぐ置かれることになるわけである。

ひと昔前までは、朝鮮労働党の統一戦線部で鍛え上げられた間諜を部門別に南派していた。しかし、現在、民族同士で統一をして仲良く暮らそうとする民族主義教育もしくは反外勢（反米日）・親北（親北朝鮮）教育を受けた二〇代から四〇代は、軍の幹部では少尉から少将になっている。彼らは米軍との協調よりも、北朝鮮との協力を好む傾向があっても不思議ではない。金大中、盧武鉉《ノ・ムヒョン》政権時、そういう軍幹部のなかには、上からの指令によって北朝鮮が必要とする情報を漏らした者もいたかもしれない。そうであれば、北朝鮮の諜報機関は南派間諜に頼らなくてもいいことになる。

加えて最近、北朝鮮のサイバー攻撃が韓国の諸機関に加えられるばかりか、なんと韓国軍サイバー司令部にまで手を伸ばしているとされる。しかもメールによる指令や連絡はもとより、サーバーへのアクセスによって情報摘出が可能になっている。ＩＴ化が進むにつれ、いよいよ北朝鮮に有利になっており、韓国側に打つ手がないという状況に陥りつつある。

韓米連合体制の崩壊をもたらす「戦作権還収」

このラ・ポルテ大将の話を聞く機会をえた二〇〇五年春は、金大中氏（二〇〇九年八月死去）につぐ親北左派の盧武鉉氏（二〇〇九年五月死去）が大韓民国の第一六代大統領に就任して三年目になる時であった。周知の通り、故金大中元大統領は二〇〇〇年六月に南北分断後、初めて韓国の大統領として北朝鮮を訪れ、北の最高首領の金正日と会談し、いわゆる六・一五宣言（北の連邦制案と南の国家連合案に共通性があるから、その路線に沿って統一を目指すとの内容）に合意した人物である。その金大中氏は、大方の予想をくつがえし、無名な弁護士出身の盧武鉉氏を後継大統領として指名して当選させた。

盧武鉉氏は大統領当選直後、大統領職引受委員会に合同参謀本部（合参）の実務者を呼ぶよう指示した。当時、合参作戦局の実務担当だったL課長（陸軍大領＝大佐）が盧大統領当選者のもとに出頭した。盧当選者はL課長に「駐韓米軍撤収とその善後策に関して研究報告するように」と指示した。L課長はびっくり仰天した。

そもそも大韓民国の大統領当選者たる者が、現役の軍人に向かって同盟国の駐屯軍撤収方策を指示するとは理解しがたいことだ。一般の韓国人ならば、想像すらできないことである。そういえるのには、年輩の韓国人ならば誰もが忘れられない、つらい経験があるからだ。一九四九年六月に駐韓米軍は五〇〇名の軍事顧問団要員を除く全員が撤収し、それから一年後に韓国は北朝鮮軍の奇襲攻撃を受けたのである。

盧武鉉元大統領は在任中、同盟や安全保障に関する言及はごく限られていた。その代わり、「米国にあまり依存するな」とか「反米といったらなぜだめなのか」とは発言していた。このような言動から考えられることは、彼は米国との軍事的な協力には否定的で強い拒絶反応を見せ、防衛よりは自主的に統一を目指そうとしていたのではないかと察せられる。したがって、排外自主思想の彼は、究極的に北朝鮮との統一さえ実現できれば、韓国に軍事同盟などは不必要になると考えていたのだろう。

つまり、盧武鉉元大統領の頭の中には、米軍が韓国から撤収しても、韓米同盟が破棄されてもかまわないとの考えがあったのではないか。米軍が撤退した場合、それが果たしていた抑止効果をどう補完するのか、韓国軍が必要とする地球規模の情報をいかにして収集するかなど、あまり重要な考慮事項とはしなかったと見られる。

L課長は、驚くべき指示を次上級者に報告した。この次上級者は海軍のK准将であった。彼も仰天した。米国と同盟関係にある大韓民国の大統領当選者が、韓米連合軍の解体を意味する駐韓米軍の撤収方策を指示するとはどういうことなのか。思いもよらぬ出来事ではないか。合参の将軍たちは、誰もが首をかしげながら対策立案に没頭した。

当時、合参の中枢部は作戦担当の金寛鎮《キム・カンジン》将軍、本部長の金泰榮《キム・テヨン》将軍、そして議長の李相熙《イ・サンヒ》大将の面々で、いずれものちに国防部長官の要職についている。彼らは「駐韓米軍撤収案」をテーマに寝食を忘れて討議を重ねた。数日後、合参としての結論が出された。駐韓米軍撤収をいきなり公にすることは、北東アジアの安全保障環境に混乱を招きかねないし、韓国国民の情緒にも合わない。そこで駐韓米軍撤収を表面に出すよりは、「戦時作戦統制権還収」ではどうだろうかとなった。これは略語にして「戦作権委譲」といわれるものだ。

それ以後、盧武鉉政府は執権三年目の二〇〇五年頃から「戦作権委譲」を米国側に正式に要求、二〇〇七年五月には韓米両国が合意するにいたった。盧政権は段階的に委譲の作業を進め、二〇一〇年末までに「戦作権委譲」を完結させるとの目標を立てた。施設や通信設備の移転や新設など所要経費はざっと六〇〇兆ウォンと概算されていた。

そうするうちに盧武鉉の大統領任期の五年がすぎた。韓国の大統領は五年単任制で、重任や再選は法によって禁じられている。当時三八〇〇万人に達する韓国の有権者たちは、金大中と盧武鉉政権の一〇年間、急進的・反米・親北朝鮮政策に嫌気がさしていた。盧武鉉政権の任期末、二〇〇七年十二月の大統領選挙では、保守右派で現代《ヒョンデ》重工業CEO出身の李明博《イ・ミョンパク》が進歩左派の鄭東泳《チョン・トンヨン》を五〇〇万票もの大差で破り、第一七代大統領に選出された。

早速、李明博大統領は「戦作権委譲」の延期作業に着手した。そして韓米両国は、一応二〇一三年まで委譲作業を延期することで合意した。計画が当初の予定通り進んでいれば、二〇一三年四月末までには、戦作権還収作業が目標の七〇パーセントにまで達していたと先の合参の提督は書き残している(1)。

戦作権委譲とは、韓米連合軍司令部の解体と同義語である。韓米連合軍司令部は、一九五三年十月に締結された韓米相互防衛条約に基づき、より実質的に北朝鮮の奇襲攻撃を抑止するため、七八年十一月に設けられた戦闘司令部とされる。民族優先主義的な思想の持ち主である盧武鉉は、これを初めから否定して解体しようとしたのである。

しかし、保守派の李明博大統領が戦作権還収時期を五年間延期し、二〇一三年二月に朴槿恵《パク・クネ》政権になってさらに無期限延期することにした。くわしくいえば、二〇一四年十月二十三日にワシントンで行なわれた韓米国防長官会談で一五年十二月一日までに予定されていた戦作権還収（すなわち韓米連合軍司令部の解体）が条件付きで再延期されることになった。

韓国国防部長官の韓敏九《ハン・ミンク》と米国防長官のチャック・ヘーゲルは、二〇一四年十月二十三日にワシントンのペンタゴンで会談、次のような条件付きで戦作権還収延期に合意したのである。

一、本来の指揮機構を基盤とする新しい連合防衛体制を構築し、韓国軍が主導しうる能力を備える。

二、北朝鮮の核とミサイルの脅威に対応しうる同盟の能力を備えることによって、韓国軍の初期対応能力と米国の拡大抑止手段及び戦略資産を提供、運用する。

三、安定的な戦作権転換に符合する韓半島及び域内安保環境を管理する。

非常に複雑かつ微妙で抽象的な表現であるが、要するに「韓国軍が独自の自衛能力を発揮できる時点」で戦作権の委譲が可能になるとの意味であろう。とにかく、上記三つの条件が満たされるまで韓米両国は、現状のままの連合軍司令部体制を維持するとの内容を盛り込んだ諒解覚書（ＭＯＵ＝Memorandum of Understanding）に署名したのである。

一方、韓敏九国防部長官はＭＯＵ交換署名のあと記者会見し、次のように述べている。「韓国軍の能力向上計画は、二〇二〇年代中盤には達成される見通しだ。その頃になると韓米両国が合意した条件が充足される。つまり、戦作権転換が可能だとの判断である。我々の戦作権転換の意思もたしかであり、これをあと押しする履行体制も二〇一五年のＳＣＭ（Security Consultative Meeting）までには準備が整えられるだろう(2)」

二〇一五年はもう過去になり、そのあとの韓国と米国の政情も目まぐるしく変化した。強力な米国中心思想の持ち主、ドナルド・トランプが米大統領に当選して就任、韓国では史上初の女性大統領が未曾有のみじめな結末を迎えた。韓国の命運、米国のアジア政策が非常に不安定な状態にある。

二〇一七年五月に就任した文在寅大統領のこれまでの発言を見る限り、彼は親米的ではないことはたしかである。突発的な変数要因がない限り、現韓国大統領は盧武鉉元大統領のように韓米連合軍司令部の解体、続いて駐韓米軍の撤収という手順を踏むことになるだろう。ということは、韓国の滅亡を意味する。

戦時作戦統制権にいたる経緯

韓国は日本と同じく、安全保障のため米国と同盟関係にある。ただ、同じ安全保障同盟でも、韓国と日本とでは趣を異にしている。そのなかでも最も大きな違いは、日米では「協力」を謳っているのにたいして、韓米は「武力行使」を前提としている点である。まず、それぞれの条文の一部を比較してみよう。次は、韓米相互防衛条約の前文の一部である。

「……外部からの武力攻撃に対し自身を防衛しようとする決意を……宣言」

次に日米相互協力及び安全保障条約の前文である。

「両国が極東の平和における国際平和及び安全の維持に共通な関心を有する……相互協力及び安全保障条約を締結する……」

つまり、米国は韓国に対して「侵略戦争に対抗すべく防衛（戦争）しようとする共通の決意」を約束している。「共に戦う」という決意の表明だが、「連合して作戦する」ということで単一司令部の下での部隊運用となる。一方、日本に対して米国は「平和維持のための相互協力」を確認していると理解できるだろう。「相互協力」を強調しているのだから、両軍の関係は「協同」で律せられ、複数の司令部が協調しつつ部隊運用をすることになる。もちろん、韓国での「戦争」はただ戦うという意味ではなく、あくまでも「外部からの武力攻撃」、つまり侵略戦争に対抗する防衛戦に限るとの意味合いが含まれていると理解できよう。

戦時作戦統制権とは、戦時に限って行使される作戦統制権という概念である。英語では、Wartime Operational Control と表記する。そもそも戦作権の始まりは、一九五〇年の朝鮮戦争初期にさかのぼる。北朝鮮軍が朝鮮半島の三八度線全域にわたり奇襲攻撃を敢行して一九日目の七月十四日、韓国軍は首都ソウルの南方一五〇キロメートル地点の大田《テジョン》まで後退していた。当時、大統領だった李承晩は、リーダーシップに欠けた韓国軍にはこれ以上頼れないとの判断から、東京にあった国連軍司令官のダグラス・マッカーサー元帥に韓国軍に対する指揮権を委譲する旨の書翰を送った(3)。

この書翰の要旨だが、「現在の敵対行為が続く限り、韓国軍に対する指揮権（Command Authority）を貴官に委譲すべく取り計らっていただきたい」というものであった(4)。マッカーサー元帥は四日後の七月十八日、国連軍が韓国軍に対する作戦指揮権（Operational Command Authority）を引き受けると返電してきた。これが「大田協定」と呼ばれるものだ。そしてマッカーサー元帥は、韓国陸海空軍に対する作戦指揮権をそれぞれ米第八軍司令官、極東海軍司令官、第五空軍司令官に委譲した。

ここで注意すべき点は、マッカーサー元帥が受け入れた権能は、李承晩大統領が依頼した全般的な指揮権ではなく、隷属関係はない作戦指揮関係だけに限定するということである。李大統領は、第二次世界大戦中の米国を中心とした連合国軍の統一指揮に着目して指揮権の委譲を表明したという。ところが、生粋の軍人であるマッカーサー元帥は、隷属関係まで生じる指揮

[韓米連合軍司令部]

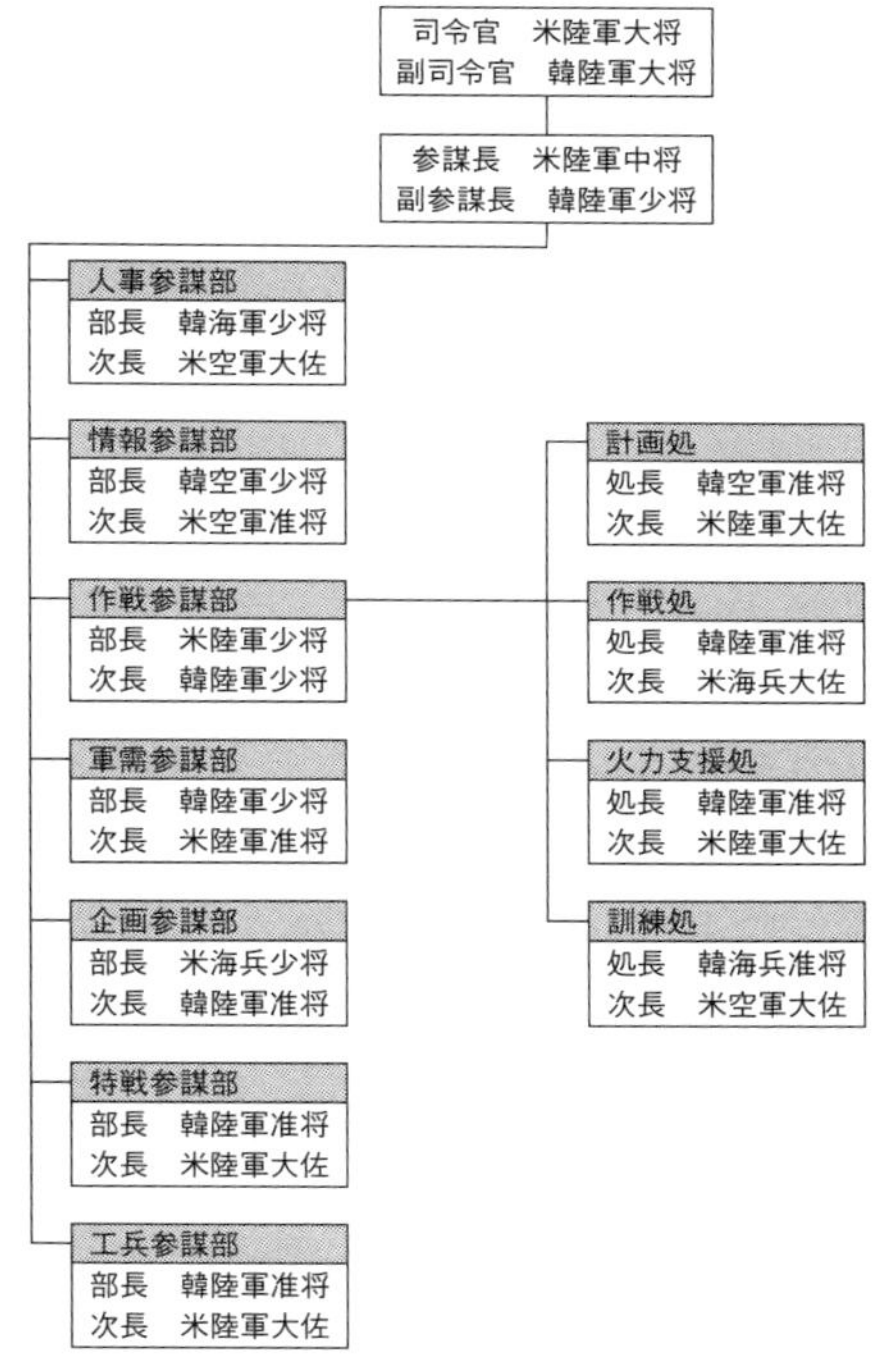

[韓米連合体制]

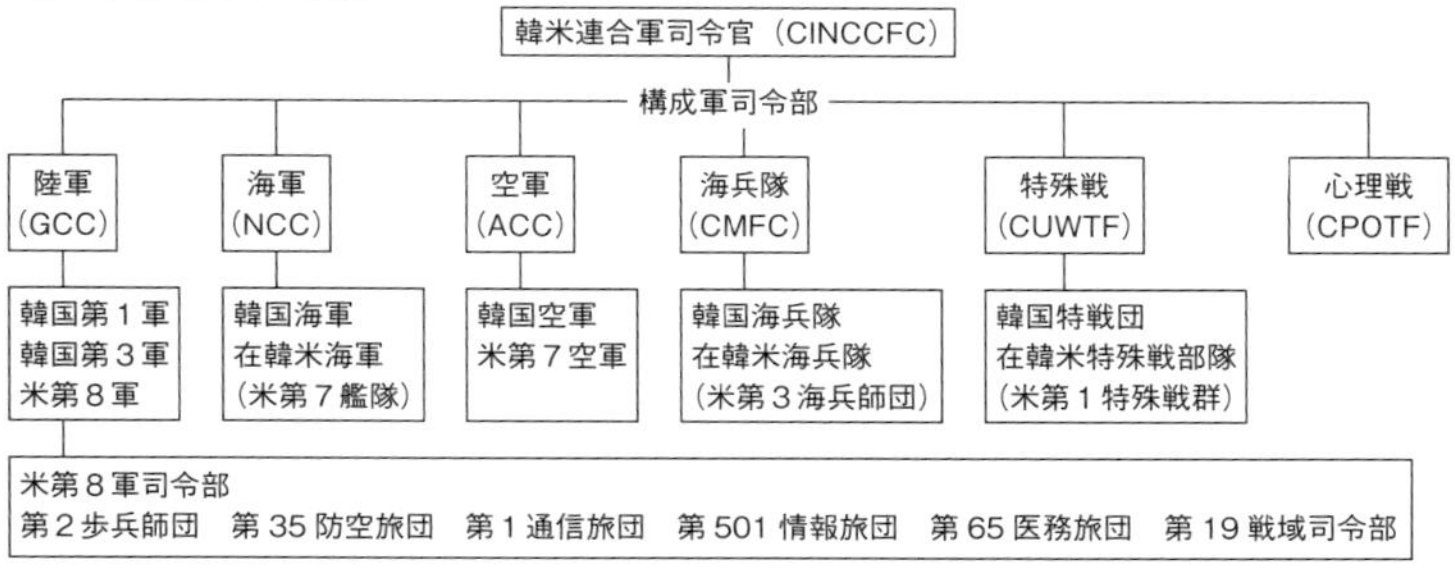

権ではなく、作戦指揮だけを引き受けるとした。隷属関係が生じれば、高級将校の人事権までが米軍の手に移り、韓国軍の独自性が失われて体面の問題にまで発展しかねない。アジアの風土を知るマッカーサー元帥は、その点を考慮したとされる。

休戦後の一九五三年十月一日に韓米相互防衛条約（Mutual Defense Treaty between the Republic of Korea and the United States of America）が締結され、発効した翌五四年十一月十七日に韓米合意議事録が取り交わされ、条約に謳われた「相互防衛」の趣旨に沿って国連軍司令官は韓国軍を作戦統制（OPCON＝Operational Control）するとなった。あくまでもコントロールであって、コマンドよりも緩やかな統制ということで、韓国軍の独自性を最大限に認めた連合体制となっている。当時は、国連軍司令官が第八軍司令官、在韓米軍司令官を兼務していた。

韓国軍の拡充に応じて、韓国の独自性が高まり、後述するように一九七八年十一月に韓米連合軍が発足した。さらに一九九四年十二月一日、平時においては韓国合同参謀本部議長が韓国軍全軍を作戦統制することとなった。合同参謀本部は、自衛隊の統合幕僚監部と同じ組織であり、ここにおいて陸海空・海兵隊の統合運用を図っている。

自主国防への努力と米軍との関係

このように韓国軍は長らく、国連軍司令部の作戦統制下にあったのだが、たびたびそれから逸脱することがあった。一九六一年五月十六日、朴正煕少将が率いる韓国軍部隊が国連軍の作戦統制権の枠からはずれてクーデターを起こしたこともその一例である。一九七一年七月には、韓国軍が独自に敵の首脳部撃滅を目的とした特殊部隊を編成して訓練中に発覚したこともある。また、一九七九年十二月、朴正煕大統領暗殺事件の捜査責任者、国軍保安司令官の全斗煥《チョン・ドファン》少将を中心とするいわゆる「新軍部」が武力をもって政治権力を奪取したこともあった。

その都度、韓米両国間ですくなからぬ摩擦が生じたことはいうまでもない。また、それとはべつの軋轢もあった。一九六八年一月二十一日、北朝鮮の特殊部隊、第一二四部隊の三一人が朴正煕大統領暗殺を狙って青瓦台《チョンワデ》（大統領官邸）の至近距離まで接近、韓国警察と激しい銃撃戦となった。この時、国連軍司令部やその麾下にある駐韓米軍は、身動きすらしなかった。

ところが、この事件の二日後の一月二十三日、北朝鮮の東岸の公海上を航行中の米海軍情報収集艦「プエブロ」が北朝鮮軍によって拿捕、強制連行された。するとすぐさまリンドン・ジョンソン米大統領は、予備役動員令を発令すると同時に駐韓米軍にＤＥＦＣＯＮⅢ移行を命じた（Defense Readiness Condition＝防衛態勢。Ⅴが平時、Ⅳが軽度な警戒、Ⅲが厳重警戒、Ⅱが戦闘態勢移行、Ⅰが戦時。朝鮮半島は常時ＤＥＦＣＯＮⅣ）。

朴正煕大統領は翌日、国連軍司令官のボーンスチール大将を青瓦台に呼んだ。激怒した朴大統領は感情を極力抑えながら、次のように語ったという(5)。

「大韓民国と米国は同盟関係にある。同盟国の首脳が敵の奇襲攻撃にさらされても、米国は微塵も動かなかった。ところが、その翌々日、『プエブロ』が拿捕されると、あのざまはなんですか。あたふたと、見るに忍びない慌てふためく態度でした。あなたたちが我が国に駐屯する目的は一体、なんなのでしょうか」

ソ連が対日戦に加わり、朝鮮半島にも侵入してきた一九四五年八月、米国の国務省・陸軍省・海軍省の調整委員会は、朝鮮半島は北緯三八度線を境にして米ソが分割占領することとし、ソ連にも通報され、これが分断の第一歩となる。この分断線を引いた実務者が、当時、陸軍省に勤務していたボーンスチールだったとされる。

ボーンスチール司令官は、きまり悪そうにうつむき加減で朴大統領にこういった。

「まことに申し訳ありません。が、私としては大統領閣下の身辺に起こった事件をくわしく、かつ迅速にワシントンに報告いたしました。弁明がましいのですが、ワシントンが対応措置をとるひまもなくプエブロ事件が起こったのです」

朴大統領はカラカラと笑った。(6) この笑いは呆れたという意味であった。ボーンスチール司令官が帰ったあと、朴大統領は閣議を開いた。ここで朴大統領は歴史に残るいくつかの重大決心を明らかにしたといわれる。

その一が、韓国と米国との同盟関係をより具体的に実行しうる措置をとることであった。韓米両国の定期的な国防閣僚会議を開催することを米国側に提議した。米国もこれに同意し、一九六八年四月にその第一回会議がワシントンで開かれた。一九七一年からは、外務部（今日の外交部）の高位官僚も含む年例韓米安保協議会議（ＳＣＭ＝Annual ROK-US Security Consultative Meeting）となった。今年で四九回目の開催となる。

その二が、郷土予備軍の新設だった。一九六八年の時点で、北朝鮮の武装予備軍は六〇〇万人といわれた。朴大統領は、徴兵制の韓国で軍服務後四〇歳までの男性をもって郷土予備軍を編成するよう指示した（一九六八年四月創設）。その兵力は約四〇〇万人、年に二～三回、約一週間の野外訓練を行なう。

その三が、兵器の国産化だった。しかし、一九六〇年代の韓国の工業力では、歩兵の基本的な装備である小銃すら生産する能力がなかった。そこでまずはじめたのが、米軍兵器のコピーだった。小銃とカービン、六〇ミリ迫撃砲などなど、そこまでが韓国の工業力の限界だった。

それから二年ほどのち、筆者は朝鮮日報の記者で国防部担当であった。初秋のある日、バスに乗せられたが、行く先は秘密だった。バスに揺られること約二時間、着いた先はソウル北方約五〇キロメートル、臨津江《イムジンガン》の支流、漢灘江《ハンタンガン》の岸辺だった。川の流れと河川敷の幅は一キロメートルほどあったろうか。彼岸には米国製のＭ48戦車二台、少し距離を置いて迫撃砲や軽機関銃、重機関銃が見られた。

まもなく、これら兵器の試射展示が行なわれた。最後に対戦車地雷の爆破展示となった。するとこの時、シューッ、シューッとなにかが飛ぶ音が聞こえた。と思った途端、戦車のキャタピラの破片が大統領の観閲席の後方に落ちた。そばにいた劉載興《ユ・ジェフン》国防部長官がマイクで「中断せよ！　中断！」と怒号した。危機一髪の瞬間であった。と同時に涙ぐましい光景でもあったのである。これがいわゆる第一回国産兵器展示会であった。

　これと前後した時期に開通したばかりの京釜高速道路（ソウル〜釜山《プサン》）の一部（水原《スウォン》〜成歓《ソンファン》）に中央分離帯を設けず、緊急時の戦闘機離発着用の滑走路とされた。一九七〇年のある春の日、霧雨が降る緊急滑走路の南方の小高い丘にＶＩＰのための展望席が設置された。中央に大統領と閣僚、向かって左側に各軍の参謀総長や軍司令官級の将軍、右側に各新聞社の国防部担当記者が居並んでいた。米国から導入したＦ４ファントム戦闘爆撃機の着陸展示の視察である。

　この日の約二年前、朴正煕大統領は空軍当局に次期戦闘機導入計画を作成して報告するよう指示した。当時の空軍参謀総長は、のちに全斗煥政権下で国防部長官になった周永福《ス・ヨンボク》大将で、彼は旧日本軍の航空兵の出身だった。周参謀総長は指示を受けて間もないある日、次期戦闘機導入の計画書を持って大統領官邸に向かった。Ｆ５戦闘機一個大隊・一八機導入計画であった。朴大統領はこの計画書を一瞥してからこう語った。

「周将軍、今度、次期戦闘機を導入すると何年間使うことになりますか」

「少なくとも二〇年は……」

「そうでしょう、それなのに二〇年後のＦ５の性能は、いや、今すぐＦ５で北のミグ19に対抗できますか[7]？」

そこで周総長は、今のところ予算的にＦ５戦闘機以上はとうてい賄いきれないと説明した。するとは朴大統領は次のように語り、決定を下した。

「予算の問題は心配しなくてもよいのです。次期戦闘機はＦ４ファントムにするようにしなさい」

こうして韓国政府は、米国にＦ４ファントム戦闘機の購入を申し出た。ところが米国は難色を示した。ここには、むずかしい問題が絡む。米軍の駐屯（American Presence）の目的の一つは、北朝鮮の軍事的脅威に対する抑止だが、それと同時に韓国軍がいたずらに北を刺激、あるいは先制攻撃しないよう抑制することも目的としている。

Ｆ４ファントムは、爆撃機能も兼ね備えた戦闘爆撃機である。したがって米国は、韓国空軍がＦ４ファントムを入手すれば、いつ勝手なことを仕出かすかわからないと危惧する。そこで米国は、爆撃機能を一部はぶいたＤ型一個大隊・一八機を売却することとした。一機当たり約三五〇〇万ドル、総額六四〇〇万ドルが支払われた。当時、個人所得が五〇〇ドルほどの韓国としては無謀な計画だったといえるであろう。

そこまで苦労して導入した戦闘機を朴大統領らに見てもらおうという場面が、この高速道路での離発着だった。Ｆ４Ｄファントム一番機が北方の空にその雄姿をあらわした。皆の拍手喝采に迎えられ、一番機は静かに非常滑走路に着陸した。あと二〇〇～三〇〇メートルで展望席正面に入る時、その一番機がそろそろと横に滑り出した。霧雨で濡れた滑走路を心細げに見守るＶＩＰたちの気持ちをよそに、一番機は水田のあぜによろよろとはまり込んでしまった。「あーあ」と誰もが嘆声をもらした。

この時、空軍参謀総長の玉満鎬《オク・マンホ》大将は、軍帽が飛んだのもかまわず、展望席から飛び降りて滑った戦闘機まで走った。原因を調べて大統領に報告するためだったのだろう。するとまもなく、二番機があらわれた。今度はどうかとハラハラして見守るなか、無事にＶＩＰ席の前に止まり、パイロットが飛び降りて大統領に向かって挙手の敬礼をした。感激の瞬間だった。

韓米連合軍司令部と迷走する国防意識

一九六八年一月の大統領官邸襲撃事件のあと、大統領の措置とはべつにもう一つの措置がとられた。これはもっぱら軍情報当局の独断専行的な措置であった。青瓦台襲撃未遂事件でただ一人生存して捕まった金新朝《キム・シンチョ》の証言をもとに、実行部隊の第一二一特殊部隊と同じような部隊を軍情報当局がひそかに編成し、訓練をはじめた。

北朝鮮軍の第一二一特殊部隊は、韓国の大統領ら政府要人の暗殺を目的とする任務を負っていたという。韓国の情報当局は、これにならった秘密部隊を空軍の管轄下で編成し、仁川《インチョン》沖の離れ小島、実尾島《シルミト》に訓練施設を設けた。その任務は北の首魁、金日成の首を取ることにあった。死刑を宣告された凶悪犯、命を惜しまぬ暴力団など八〇〇人を集めて極限状態の訓練をはじめた。一九七〇年頃のことであった。

ところが、これが事件に発展した。一九七一年七月、訓練中の一個小隊が教官らを射殺して脱走、三十数名が民間バスを乗っ取ってソウルの大統領官邸を目指して突進する途中、憲兵隊に捕捉された事件である。人間の限界を超える無慈悲極まる訓練、粗悪な給食、人権蹂躙などに耐えかねた一部が反乱を起こしたのだ。そしてソウル市内に突入する寸前、全員が射殺される結末となった。

国防部はこの事件を北朝鮮の間諜団がバスを乗っ取り、ソウルへ侵入しようとしたが、これを全員射殺したと虚偽の発表をした。しかし、すぐに真実が露見した。韓国軍当局は、作戦統制権者である国連軍司令官の関知しない部隊をひそかに編成して訓練していたのだ。丁來赫《チョン・レヒョク》国防部長官は、この責任をとって辞職、後任は旧日本軍の近衛師団中隊長だったこともある劉載興予備役中将となった。

国防部と国連軍司令部は、二度とこのような事件が起こらないようにと、協議機構を設けることとなり、一九七二年に韓米合同企画団という組織が発足した。これが一九七八年十一月七日に発足した韓米連合軍司令部（CFC＝the ROK-US Combined Forces Command）のもとになった。現在の司令部機構は、二九ページの図の通りである。

韓国の国防体制や安全保障政策を考えるとき、韓米同盟、韓米連合軍を抜きにしては語れない。したがって毎年、夏から秋にかけて発刊される『国防白書』には、必ず韓米安保協議体制とか韓米連合防衛体制に関する記述があった。少なくとも一九九七年まではそうであった。

ところが一九九八年以降、『国防白書』から「韓米」が行方不明となった。反体制指導者、金大中氏が大統領に就任してからのことである。『国防白書』の市販も九九年までで、そこには韓米同盟や韓米連合軍に関連した内容の記載はなかった。ちなみに二〇〇〇年度から、『国防白書』は内部文書化された。

一九九九年版の『国防白書』では、「平和体制構築」とか、「戦争抑制のための軍事対備態勢」「軍備統制」といった項目が目立った。北韓（北朝鮮）の「対外政策」の項目では、「体制の生存と外部からの経済援助の確保に重点を置いている」と記述され、北朝鮮という「国」はなんの変哲もない普通の国家のように描写されていた。

これは明らかに北朝鮮を敵視しない政策による表現である。案の定というべきか、金大中は二〇〇〇年六月十三日、急に北朝鮮を訪問して米国や日本を驚かせた。彼は当時、北朝鮮の国防委員長だった金正日と会い、いわゆる「六・一五宣言」（連邦制統一）で合意に達し、帰国直後に「もう朝鮮半島では、戦争は起きない」との声明を発表した。

金大中政権を継いだのが、金大中に優るとも劣らない親北容共の盧武鉉だった。彼の政策に危機感を抱いた保守層が次の大統領に選んだのが李明博だったが、この政権もなにやら得体の知れない中道・中庸政策を掲げて共産主義者を包容する姿勢を示した。その次の朴槿恵政権も、表向きは保守でありながら、優柔不断であった。このようにして韓国の国防政策は混迷を重ね続けた。朴槿恵政権の後半期になって、親北的な統合進歩党を非合法化したり、北朝鮮を潤していた開城《ケソン》工団を閉鎖したりしたが、時すでに遅かったと言わざるをえない。

このような結果、韓国の対北朝鮮政策は支離滅裂になってしまったと言えよう。金大中時代にすでに「北朝鮮は主敵ではない」と韓国は敵国を想定することはないと宣言した。『国防白書』はおろか、各級の学校でも「朝鮮民主主義人民共和国」は戦争を前提とする敵ではなく、統一の対象である同じ民族なのだと教えている。

韓米同床異夢の龍山基地移転問題

首都ソウルの中心にそびえる南山《ナムサン》を北に望む約一〇〇万坪の龍山基地には、国連軍司令部をはじめ韓米連合軍司令部、駐韓米軍司令部、米第八軍司令部などが駐屯している。この一帯には一八九五年に袁世凱が率いる清国軍が入り、旧日本軍もここに朝鮮軍司令部や第二〇師団司令部を置いていた。一九四八年からは韓国陸軍本部が入り、ついで米第八軍司令部が置かれるなど変遷を重ねている。

首都のど真ん中に駐屯する外国の軍隊には、もううんざりだという気持ちが韓国人にはあるのは理解できよう。そのような国民感情をくんだ盧泰愚《ノ・テウ》政権（一九八八〜一九九三年）は、龍山基地移転に関する対米交渉をはじめた。その最初の措置として、一九九〇年初頭に基地内のゴルフ場を漢江《ハンガン》南の郊外に移転した。盧泰愚政権を引き継いだ金泳三《キム・ヨンサム》政権は早速、約二〇万坪のゴルフ場の旧敷地に国立博物館を建設した。それでも、約七八万坪が米軍に提供されているのが現状である。

韓国政府は、ソウル南方一五〇キロメートル、北緯三七度線付近の烏山《オサン》の空軍基地に隣接し、港湾施設を抱える平沢《ピョンテク》を中心とする一〇〇万坪以上の広大な敷地に、現在龍山にある諸施設と将兵及び家族の住居の移転準備を進めてきた。当初の計画では、米軍の平沢移転は二〇一六年末までにとなっていた。移転の時期はすぎたが、「明日には、来年には」と日延べをするばかりである。なぜなのか、米軍が基地移転をためらっている理由はなんなのであろうか。

そもそも事のはじまりは、一九九〇年にさかのぼる。陸軍大将でありながら、大衆迎合主義者（ポピュリスト）であった盧泰愚大統領は、前述したように一八ホールのゴルフ場を移転させ、金泳三大統領がその一部に国立博物館を建てた。同じ時期、米軍もいわゆる前線におけるワナ線（Trapwire ＝攻撃されると自動的に戦闘に入る仕組み(8)）の役割から脱却すべく努力していた。その最初の措置として、韓国と米当局は交渉の末、西部戦線の休戦線上にあるＪＳＡ（Joint Security Area ＝板門店《パンムンジョン》の共同警備区域(9)）の警備任務を韓国軍に委譲した。続いて西部戦線の一部を担当して、韓国における米軍唯一の戦闘部隊である第二歩兵師団も第一線からはずされた。一九九〇年代初頭、米軍の韓国におけるワナ線の役割は終わったのである。

以後、韓国側は平沢の広大な敷地に在韓米軍のすべての部隊（およそ四〇個部隊）を収容できるよう工事をはじめた。工事に着手してから今年は二七年目になるが、いまだに米軍は動こうとすらしていない。現在、ソウル市龍山に駐屯する米軍は、文官、家族などを含めておよそ八〇〇〇人だといわれている。平沢の新基地には、彼らのオフィスはもちろん、非常に便利で優雅な生活空間が整えられている。では、米軍が動かない理由とはなんなのであろうか。

それはまぎれもなく、「韓国の変転きわまりない政治情勢ではないか」との観測が支配的である。本書の冒頭で紹介したラ・ポルテ将軍の述懐のように、情報が敵側に筒抜けになっているとすれば、米軍の韓国駐屯の意味はなくなる。龍山基地の平沢への移転は、韓米連合軍司令部の存続を意味する。親北派の韓国野党出身者が政権を握ったが、連合軍司令部の存続自体があやうくなりつつある。各種司令部の移転には多額の経費が必要となるが、それ以上に問題となるのは情報が漏れる危険性が高いことであろう。

五月二十九日、駐韓米当局は、M1A3エイブラムズ戦車九〇両を主軸とする一個機甲旅団が韓国から撤収したと発表した。これに関し、韓国の言論は何も報じていない。政府も口をつぐんでいる。二〇一七年六月に米軍司令部の一部が平沢に移転することとなり、作業が進んでいる（実際、七月中旬、第八軍司令部が龍山から平沢に移転した）。いずれにしても龍山基地の完全移転は、米軍としては「ちょっと待って見よう」（Let's wait and see）との姿勢のようだ。

現在の計画によると、米軍の各種部隊は二〇一七年中に、家族など非戦闘要員は二〇二〇年末までに移転するという予定になっており、その数は約三万人（龍山基地と前方の師団・支援部隊を含めた数）とされる。それでも韓米連合軍司令部は、現在のキャンプ龍山に位置するという。その一方、韓国サイドだが、親北派人士である朴元淳《パク・ウォンスン》ソウル市長は、米軍だけでなく近くにある韓国国防部も移転してくれと政府に迫っている。

確実に言えることは、親北朝鮮の人士が韓国大統領になったいま、遅かれ早かれ在韓米軍は平沢ではなく、沖縄かハワイ、あるいは日本本土のいずれかに移転することになることが考えられる。そうなった場合、北東アジアの軍事バランスはどうなるのだろうか。

少なくとも日本の位置から見ると、朝鮮半島は力の空白地帯となる。そのため日本は肩に一層重い荷を担うことが迫られる。つまり、朝鮮半島の軍事バランスを支えてきた米軍一個師団と一個航空団、そして韓国軍二〇個師団以上、このパワーが失われれば日本はどう対応すべきなのか。それは現在のレベルの日本の軍事力や防衛予算では、とうていまかなうことはできないはずである。

二〇一七（平成二十八）年度、日本の防衛関係費は総額四兆八六〇〇億円となっている。この予算によって、陸上自衛隊は九個師団・六個旅団、海上自衛隊は護衛艦と潜水艦を合わせて六四隻、航空自衛隊は第一線航空団七個・戦闘機三四七機を運用している。もし、朝鮮半島が北朝鮮によって統一、赤化したならば、すぐにもこの二倍、三倍の軍備増強を図らなければならないと考えられよう。場合によっては、日本は核武装も強いられかねない。中国と北朝鮮が核武装している以上、それが当然の帰結ともいえる。

さらに日本は、日米安保条約の再検討もせざるをえない。現行の条約では、朝鮮半島からの武力挑発には即応できないからである。現行の条約の核心部分である第五条と第六条ではこう定められている。

第五条＝各締約国は、日本国の施政の下にある領域における、いずれかの一方に対する武力攻撃が、自国の平和及び安全を危うくするものであることを認め、自国の憲法上の規定及び手続きに従って共通の危険に対処するように行動することを宣言する。（以下略）

第六条＝日本国の安全に寄与し、並びに極東における国際の平和及び安全の維持に寄与するため、アメリカ合衆国は、その陸軍、空軍及び海軍が日本国において施設及び区域を使用することを許される。（以下略）

以上の二カ条は、日本や日本国内にある米軍施設などに武力攻撃が加えられた場合、両国の憲法と手順により共同対処（応戦）することと（第五条）、米軍が日本国内の施設を使用することと（第六条）を規定している。しかし、日本と米国の間には、現在、韓国と米国との間にある連合という枠組みや連合司令部がなく、「作計（作戦計画＝ＯＰ＝Operational Plan）５０１９」といったような連合作戦計画による即応態勢が整っていない。それらを整備しなければ、突発する事態に対応できない。早ければ今年中に、遅くとも一、二年中に駐韓米軍の撤退という事態になるかもしれないのだから、日米両国ともこれらの施策を急がなければならないとも考えられるだろう。

同盟の破棄で自由になる米軍

あらゆる国際条約がそうであるように、韓米相互防衛条約も締約国の一方が破棄を宣言することができる。破棄は条約が無効になったことを意味する。破棄の前提として二つの場合が考えられる。その一つは、韓国と米国との同盟関係を破棄すること。もう一つは、同盟関係に本質的な変化はないものの、米国の対北朝鮮政策やその実行において韓国との同盟という束縛から自由になることである。

前者の場合は、結論からいうと、米国が韓国という戦略的拠点を放棄することである。二〇一五年九月三日、朴槿恵大統領が中国のいわゆる戦勝七〇周年記念の天安門広場における軍事パレードに出席し、米国で物議をかもしたことがある。以後、軍事パレード出席に象徴される韓国の中国傾倒（South Korea's tilt toward China）は、ワシントンの合言葉になった。

米国の対中封鎖政策に韓国の出番はないにひとしい。したがって米国は、「我々の兵隊たちがそこ（韓国）に座り込んで（北朝鮮の）ミサイル発射に見とれているだけ」（二〇一六年七月二十日、クリーブランドにおけるニューヨーク・タイムズのデイビッド・サンガ記者らとのインタビューで当時のトランプ大統領候補の発言）といったことはさせたくないのだろう。米国が同盟破棄を宣言し、駐韓米軍を撤収させれば、それですべてが終わる。

後者の場合は、複雑かつ微妙である。というのは、米国は先制攻撃によって北朝鮮の核兵器を消滅させるためには、韓国の同意が必要となる。ところが韓国が同意しないとなれば、米国としては韓米相互防衛条約を破棄せざるをえない。北朝鮮にどうやって核兵器を放棄させるのか。話し合いで放棄させることは、これまでのさまざまな交渉の経緯から見て不可能だとの判断が支配的だ。力を使う（Use of force）ほか道はない。しかし、韓国との同盟関係を維持しながら「力を使う」ことになると、どうしても協議をせざるをえない。

二〇一六年十一月、韓国の与野党国会議員七人が当時有力な国務長官候補と見られたネオコンのジョン・ボルトン元米国連大使に会って話を交わしたことがあった。その席でボルトンは、「北朝鮮の核施設に対する米国の先制攻撃の可能性はゼロだ……なぜかといえば、韓国人が反対するからだ」と語った(10)。つまり米国は、北朝鮮に対する軍事行動においても、同盟国の韓国との協議が必須であるから、思うような行動がとれないということになる。同盟関係を解消すれば、米国は自由に行動できるようになる。

トランプ政権は、そういう意味で韓国との同盟を解消し、先制攻撃に乗り出すかもしれない。そして金正恩《キム・ジョンウン》政権は崩壊する。そのあと、いつ、誰がなにをどうするのか。もちろんこれは仮想のシナリオではあるが、信頼筋からの情報によると、米国は韓米同盟破棄とほぼ同時に北朝鮮の核施設とミサイル基地を先制攻撃するという。韓国政府や韓国国民は米国に文句をつけられないし、抗議されても同盟関係がない以上、協議などする必要はない。韓国との同盟関係の破棄は、即、米国が自由な行動をとれるようになるということである。

米国の先制攻撃能力には、想像を絶するものがある。核施設、そして一三カ所に分散配置されている長距離弾道ミサイル基地を含む北朝鮮のあらゆる軍事基地とその能力は、瞬時に無力化されると予測されている。

その直後、米軍は現在の休戦線を越えて北進する。韓国軍は含まれない。同盟軍ではないからだ。その代わり、米太平洋軍司令官(CINCPAC＝Commander in Chief, Pacific Command)隷下の米軍と国連加盟の各国軍が参加する。これにはオーストラリア軍、ニュージーランド軍、状況によっては日本の自衛隊や中立的なインド軍の参加も考えられよう。今現在の駐韓国連軍とは大きく変貌し、奴隷状態に置かれている北朝鮮人民を解放するための新たな国連平和維持軍の性格を帯びるであろう。

この「国連平和維持軍」の任務は、大きく分けて三つになる。その第一の任務は、朝鮮人民軍の武装解除である。もちろんこれには核兵器や生物・化学兵器なども含まれよう。ただし、米国は中国との協調に配慮すると思われる。なぜならば、中国は彼らなりに北朝鮮に対する既得権を主張するかもしれないからである。

ほぼ確実な情報として韓国国内に流布されている話では、この問題に関する米中間の了解が水面下でなされているという。それによると、国連軍(あるいは国連平和維持軍)が休戦線以北を占領する場合、中国もある一定の役割を果たしたい、中国軍が鴨緑江《アンノッカン》から南に五〇キロメートルの地点まで進みたいという要求に米中間で合意に達したということである。鴨緑江以南五〇キロメートルの地域といえば、核施設がある寧辺《ヨンビョン》、泰川《テチョン》、ミサイル実験場がある亀城《クソン》付近までカバーできる。

　つまり、中国は金正恩政権の崩壊を望まない立場だが、万一、崩壊が現実化すれば中国なりの「領分」は確保したいということなのである。また、数年ほど前のことだが、米国と中国の外交当局者が非公式に会い、「朝鮮半島問題は米中両国に不利益にならない方向で解決する」と合意している。二〇一〇年に、米国務省のロバート・ゾーリック次官補と中国の外務担当国務委員の武大偉の間で文書化されたともいわれる。このことを韓国の一部は、一九〇五（明治三十八）年七月にアジアにおける日米の住み分けを決めた「桂・タフト密約」の再現だと批判していた。

　国連平和維持軍の第二の任務は、占領地域に軍政を敷くことである。この平和維持軍司令部は、戒厳令もしくは衛戍《えいじゅ》令（重要施設などへの駐兵）を布告するなどして、休戦線以北の二千数百万人の住民の安全と治安を確保することになる。

　第三の任務としては、国連との折衝を通じて北朝鮮における自由かつ平和的な選挙を行ない、南と同じ国会を設けることである。自由民主主義体制の韓国政府への権力または権限の委譲は、そのあとに行なわれることになるだろう。

しきりに平和協定締結を望む北朝鮮

では、北朝鮮はなにを望んでいるのか。朝鮮労働党の首脳部が夢にも忘れない願望は、米国と一対一の対等な関係を樹立することである。彼らは朝鮮戦争で米国と対等に戦い、勝利したと自負してきた。しかし、彼らにとって遺憾ながら米国は、北朝鮮を国家として認めようとはしない。朝鮮半島において米国が国家として認めているのは、北朝鮮が米国の傀儡《かいらい》としか思っていない南朝鮮、すなわち大韓民国である。彼らが米国あるいは国際社会に期待するのは、「朝鮮民主主義人民共和国」と呼んでくれることである。せめて朝鮮共和国でもよい、公式にそう呼ばれたい。ところが、誰もそう呼んでくれない。

一九五〇年代から北朝鮮が核兵器の開発に着手したのも、もとをただせば国際社会に朝鮮民主主義人民共和国の存在を誇示するためである。今、その完成段階となり、米国と国際社会に核保有国として認められたい、北朝鮮の望みはその一点につきる。

金正恩の祖父、金日成は一九七四年三月に米議会に書翰を送った(11)。その内容は、米合衆国と朝鮮民主主義人民共和国との間で平和協定を締結し、正式に朝鮮戦争を終結させたいというものであった。

周知の通り、現在の軍事休戦協定は一九五三年七月二十七日に国連軍司令官のマーク・クラーク大将を一方とし、朝鮮人民軍最高司令官の金日成と中国志願軍司令員の彭徳懐を他方とする両軍司令官の間で署名された前文と五カ条六三項目からなるものである。これによってまず休戦線（Armistice Line）が設定された。中央に軍事分界線（ＭＤＬ＝Military Demarcation Line）、その南北各二キロメートル後退した線がそれぞれ北方限界線（ＮＬＬ＝Northern Limit Line）、南方限界線（ＳＬＬ＝Southern Limit Line）と呼び、それに挟まれた幅四キロメートルの地域が非武装地帯（ＤＭＺ＝Demilitarized Zone）となる。武器の補強や搬入などを禁じる条目もあるが死文化している。

注目すべきは、この協定の第五条第六二項であろう。それによると「両関係国間に政治的なレベルで平和的な解決があるまでこの協定は有効である」としている（The Articles and paragraphs of this Agreement shall remain in effect until …… an appropriate agreement for a peaceful settlement at a political level between both sides.）[12]。

休戦協定締結時には、九〇日以内に政治会談を開くことに双方が合意していたので、一応、両関係国間の「平和的解決」のための政治レベルの会談は行なわれた。一九五三年七月二十七日の休戦協定調印からやや遅れた翌年春、スイスのジュネーブで政治レベルの会談が開かれたが、すぐに決裂した。休戦に反対の立場であった韓国は、休戦協定に調印しなかったが、政治会談には参加し、北朝鮮地域において国連監視下での総選挙を主張した。もちろん北朝鮮はこの提案を蹴った。

それから金日成は、しきりに南でのゲリラ活動を支援したり、武力での南政権打倒を試みたが、ことごとく失敗した。そこで金日成は、対南武力行使を断念し、対外的には外交的に、対南対策としては南の制度（選挙制度、司法制度など）を活用するよう方向を変えた。

その最初の試みとして、金日成は一九七四年三月に米議会宛に駐韓米軍撤収を条件とする対米平和条約締結案を提議したのである。この対米平和条約案は、一九五四年四月のジュネーブ政治会談でも持ち出されたが、当時は外相レベルの会談であった。国家元首を名乗る金日成の名で提案したのは、この一九七四年の米議会宛の書翰が初めてであった。

以後、北朝鮮は事あるごとに平和条約を持ち出している。あるいは核凍結の条件として、あるいは核実験のあと、北朝鮮は米国に平和条約締結を提議している。その目的はただ一つ、韓国を孤立させたいのである。

韓国は休戦協定の調印当事者ではない。したがって休戦協定を平和協定に変更するための協議の対象にもならない。にもかかわらず、北朝鮮は韓国とも協定を結んでいる。一九九一年十二月の盧泰愚政権下、北朝鮮は韓国と条約を締結した。南北基本合意書と非核化共同宣言がそれである。この南北基本合意書で特記すべきはその第五条で、「南と北は現下休戦状態を南北間の鞏固なる平和状態に転換するため共同努力し、そのような平和状態が成就するまで現軍事休戦協定を遵守する」と書かれていることである。

これはいわば実質的な平和協定であり、正式の平和協定の前段階ともいえる。ところが北朝鮮は、この約束を遵守していない。遵守するどころか、同時に合意した非核化宣言とは裏腹にひそかに核開発を促進させ、この宣言の一四カ月後の一九九三年二月にはＩＡＥＡ（国際原子力機構）の特別査察要求を公然と拒否、同年三月には堂々とＮＰＴ（核拡散防止条約）から脱退するにいたる。

いずれにしても、北朝鮮が強く望んでいるのは、米国との平和協定と国交正常化の実現である。その目的はただ一つ、韓国を無力化させて消滅させることにある。韓国がもし健全な自由民主主義体制を強固に維持しているのならば、北朝鮮のそんな目論みを無視しても構わない。韓国ところが、いまの韓国は自由民主主義体制そのものが生き延びるか否かを問われている。韓国の政治的指導者は総じて自由民主主義体制の維持いかんよりは、自由民主主義、共産主義のどちらでも構わない「統一」に力点を置いているし、有権者もそのような政治的指導者を求めている。

このたびの大統領選挙で当選した文在寅も、落選した安哲秀《アン・チョルス》も、程度の差こそあれ、「同じ民族との統一」を主張し、共産党独裁主義に対抗する米国や日本との友好や同盟よりも重視しているのが共通項である。石油換算で一億五〇〇〇万トンものエネルギー資源を輸入している韓国の退場、消滅は世界経済から見て許されないという見方も耳にする。そうであっても現実の問題として、大多数の韓国人が「外勢」との協調よりは、「同族との同居」を望んでいる限り、韓国は仕方なく海洋勢力圏から脱して大陸勢力圏に移らざるをえなくなるであろう。

この暗い将来の姿は、すでに米国は予測していると思わざるをえないし、日本もそれなりに対処する準備を整えておかなければならないと筆者は愚考している。なにせ韓国は、数千年来、中国の文化圏内にあったのだから、大陸勢力寄りになるのはある意味で自然回帰現象ではないかとも思われてならない。

韓国が米国にとって必要ではなくなる日

ＩＡＥＡは、一九九三年四月に北朝鮮核問題を国連安保理に付託するが、これにかまわず北朝鮮は、同年五月に中距離弾道ミサイル「ノドン」を東海（日本海）に向けて発射する。北朝鮮はその都度、米国に向かって平和協定締結を提議してきた。そして米国はいつもこの話に乗った。

はなはだしくは、一九九四年十月の米朝枠組合意なる代物である。これは北朝鮮が核開発を凍結する条件として、米国は毎年重油五〇万トンを北に供与するとともに、韓国が咸鏡北道《ハムギョンブクド》新浦里《シンポリ》に軽水炉を建設するように米国と北朝鮮が勝手に決めたことだ（ジュネーブ合意）。軽水炉の建設経費だが、韓国が全体の七五パーセントの約三〇億米ドル、日本が一〇億米ドル、ＥＵが五億米ドル……という具合に経費を分担することになっていた。

いわゆる枠組合意は米朝間だけで決めて、韓国や日本などはただドルだけを出すようなものであった。

当時、米国のクリントン政権は、北朝鮮の言いなりになっていた。しかし、北朝鮮の出方に耐えかねたビル・クリントン大統領は一時、戦争を考えたこともあった。元ワシントン・ポスト記者、ドン・オーバードーファーはその著『二つのコリア（*The Two Koreas*）』に次のように記述している。

「……ペリー国防長官、シャリカシュビリ合同参謀本部議長、ゲーリー・ラック駐韓米軍司令官は……最高司令官である大統領に報告するためホワイトハウスへ赴いた……朝鮮半島で戦争が勃発すれば、最初の九〇日間で米軍将兵の死傷者が五万二〇〇〇人……財政支出も六一〇億ドルを超えると思われる（以下略）[13]」

このブリーフィングを聴取したクリントン大統領は、予想される損害の多さに驚き、戦争ではなく外交的な解決方法はないかと模索しはじめたという。そこにジミー・カーター元大統領が、自分が平壌《ピョンヤン》に行くと申し出た。周知のように、カーターは一九九四年六月に平壌を訪れ、金日成主席と非常に「友好的」な会談を行なったとされる。

その結果、北朝鮮は核開発凍結を「約束」した。そして十月にはいわゆる米朝枠組合意がなされ、重油の供与と軽水炉の建設がはじまったのである。カーター元大統領は平壌からの帰途、ソウルに立ち寄り、当時の金泳三大統領に金日成との南北首脳会談を斡旋したことを知らせた。しかし、金日成が同年七月八日に急死し、南北首脳会談は流れた。

これ以降、米国と北朝鮮の間では交渉を重ねたあげく、北朝鮮の核開発の中止や凍結、ひいては放棄のための六者協議（韓国、北朝鮮、米国、ロシア、中国、日本）をはじめることに合意する。そして、二〇〇三年八月に第一回の六者協議が北京で開催されるまでに漕ぎ着けることができた。

二〇〇五年九月の第四回の六者協議では、北朝鮮側が核（開発）を放棄すると確約、六者は共同声明を発表するにいたる。数多くの駆け引きの末、ようやく完全合意に達するかに見えた。その間、北朝鮮は中距離弾道ミサイル「テポドン」を発射したり（一九九八年八月）、ＮＰＴ脱退を再度宣言したり（二〇〇三年一月）、寧辺の黒鉛減速炉から八〇〇〇本の核燃料棒の取り出しを完了したと発表したり（二〇〇五年五月）して、くり返し、米国や韓国、日本を困惑させてきた。

そのあげくの核放棄合意だから、貴重きわまりない外交的な成果と思われた。しかし、北朝鮮の本心ははかりかねる。核放棄合意があって間もない二〇〇六年十月、北朝鮮は核実験実施を発表、世界を驚愕させた。はかりがたいのが北朝鮮の腹の中ではあるが、彼らの本当の目標は米国との対等な関係を樹立することだと筆者は信じている。核開発も六者協議も、ほかのいかなる合意も米朝国交樹立というただ一つの目標を達成するための手段にすぎないのである。

もしも米国が北朝鮮の粘り強い平和協定締結の要求に応じ、そのための対話をはじめると、その瞬間から韓国の立場は急落することになるだろう。なぜならば、米国にとって韓国という

国は必ずしも必要な存在ではなくなるからである、

米国にとって北朝鮮は、必ずしも敵国とはみなされない。北朝鮮が米国と敵対しない限り、米国も北朝鮮と敵対する必要はない。ことに米朝平和協定が成立し、朝鮮戦争が公式に終結すれば、米国としては朝鮮半島に二つの国家があっても、米国の安全保障にも、通商にもさしつかえはないはずである。韓国が孤立し、究極的に消滅したとしても、米国は痛くも痒くもない、ということなのだ。

二章　韓国は生き残れるか

現実味を帯びる米軍による先制攻撃

ドナルド・トランプ米大統領は就任早々から、北朝鮮の核問題解決という世界の願望に追われることになった。彼は二〇一六年の選挙キャンペーン中、しきりに北朝鮮問題に言及していた。「私は金正恩とハンバーガーを一緒に食べたい」との発言はよく知られている。韓国のメディアは、この発言を大きく取り上げ、トランプ氏が金正恩との対話の用意があるかのように報じていた。しかし、米国の情報筋によれば、「ハンバーガーを一緒に食べたい」というのは、金正恩をまともな国家元首とは見なさず、もし米国に来ればハンバーガーでも食わせておくかとのニュアンスを含んでいるという。

トランプ氏はまた、「北朝鮮の人民は奴隷状態にある。これを解放しなければならない」とも発言している。米国のあるジャーナリストによれば、この発言はトランプ氏が二一世紀のリンカーンになりたいとの意思表示だと読みといている。エイブラハム・リンカーン大統領は、南北戦争で血を流しながらも、奴隷状態にあった黒人を解放した。トランプ氏は、北朝鮮人民を解放したいとの願望があるということだ。そうするためには、武力行使も辞さないとなる。ではいつ、どのように武力を発動するのだろうか。

まず最初にトランプ大統領は、北朝鮮との対話を試みるかもしれない。それこそニューヨークでハンバーガーを食べながら。金正恩がハンバーガーを食べにニューヨークに行くはずもないが……。また、トランプ大統領は二〇一七年五月一日（現地時間）、「適切な状況であるならば（under right circumstance）、北朝鮮の金正恩と会う」と発言した。トランプ大統領はこの日、ブルームバーグ通信とのインタビューで、金正恩との対話の可能性についての問いに対し、「（金正恩と）会うことは光栄（honored）であろう」とも答えたという（朝鮮日報二〇一七年五月三日一面）。

しかし、そのような対話が実現したとしても、なんら合意にいたらないことは「明若観火」（火を見るよりも明らか）のごとくだ。おそらくトランプ大統領の思惑は、金正恩を人権蹂躙で国際司法裁判所に告訴する一方、空母、潜水艦、ステルス爆撃機などを総動員し、北朝鮮の核施設やミサイル基地を木っ端微塵にすることであろう。米国と彼にはその能力と意思があると思われる。米軍の能力は、朝鮮半島周辺で数多く行なわれてきた日米、あるいは韓米合同演習で証明されている。トランプ大統領の意思は、積極的な姿勢で知られている海兵大将だったジェームズ・マティスを国防長官に起用したことでもわかる。

さて、その時期はいつになるのか。そこでまず考慮しなければならないのが、金正恩のさらなる挑発である。二〇一六年十二月二十三日、韓国国会の情報委員会では、同年七月に亡命した北朝鮮の駐英公使の太永浩《テ・ヨンホ》の聴聞会があった。この席で太氏は、「二〇一七年中に第六、第七回核実験を準備するようにと金正恩が指示した」と証言した⑭。

太氏によれば、北朝鮮外務省は海外公館に公翰を出し、「来年（二〇一七年）には六、七回目の核実験を準備中だ。特に韓国での大統領選挙に前後して核実験が行なわれるから、それに備えるよう万全を期すること」と指示したという。太氏はまた、二〇一六年五月に開かれた第七回労働党大会で金正恩委員長が、「パキスタンやインド式の核保有国としての地位を認められたあと、国際的に対話を再開し問題を解決するつもりだ」と語ったことも明らかにした⑮。

韓国の大統領選挙と米国の政権初期を狙って、北朝鮮の核保有国認定を目論んでいるという意味であろう。そのために金正恩がなにを仕出かすか注目せざるをえない。考えられる一つの可能性は、二〇一七年中に第六回目の核実験を強行するということである。

これに米国と韓国は、いかに対処するか。米国は「待ってました」とばかりに、いわゆる先制攻撃を敢行するのか。もし先制攻撃がなされれば、朝鮮半島問題は思ったよりスムーズに解決されるだろう。しかし、その逆の場合、つまり米国が過去のような逡巡を繰り返すならば、またもや米国は北朝鮮にもてあそばれることになるほかない。実際、トランプ大統領は二〇一七年三月中旬、「北朝鮮が米国をもてあそんできた（North Korea has playing U.S.）」と語った。

しかし、筆者は予言する。米国は今度こそ北朝鮮にもてあそばれることはないと。ということは、米国はおそらく北朝鮮の第六回核実験の直後に、北朝鮮内のあらゆる核施設に打撃を加えるということである。米国の先制攻撃によって破壊され、消滅するのは核施設だけではない。

北朝鮮各地には、およそ一〇〇〇基以上の短距離、中距離、長距離ミサイルを実戦配備している。この各種ミサイルだが、射程一六〇キロメートルのKN02が休戦線に沿って配備されている。射程一三〇〇キロメートルのノドン、射程二五〇〇キロメートルのテポドン一号、射程六七〇〇キロメートルのテポドン二号、さらに二〇〇九年四月五日に日本列島を越えて太平洋に落下したミサイルの射程は三八〇〇キロメートルだった。最近では、二〇一二年十二月十二日に試験発射に成功した射程一万二〇〇〇キロメートル以上の長距離ミサイルもある。

これらの弾道ミサイルは、北朝鮮全域一三カ所に分散配備されている。精密誘導兵器を搭載したステルス爆撃機や巡航ミサイルなどを大量投入すれば、同時多発的に壊滅させることが可能というのが軍事専門家たちの共通した見解である。それだけではない。米軍の大量破壊能力は恐るべきものだ。軍事施設はいうまでもないが、いざ先制攻撃に乗り出すと、北朝鮮に三万基ある金日成の銅像もことごとく破壊されると語られている。

米国の先制攻撃というものは、北朝鮮の国家機能を瞬時に停止させることといえよう。北朝鮮の国家機能が停止すると、二二〇〇万人とも二三〇〇万人ともいわれる人民に対する治安と行政が必須不可欠になる。先にも述べたが当分の間、北朝鮮は仮称「国連平和維持軍」の軍政

(Military Government) 下に置かれることになろう。この場合、韓国政府や韓国軍は直接、行政権や統治権を行使することができない。

朝鮮戦争中にその前例があった。一九五〇年九月十五日、国連軍司令官ダグラス・マッカーサー元帥は、五〇〇〇分の一の実現可能性しかないと自ら判断した仁川上陸作戦を成功させた。上陸から一三日目の九月二十八日、首都ソウルは奪回された。

当時、釜山に避難していた李承晩大統領は、ソウル奪還と同時に三八度線以北のいわゆる「失地五道」(平安南道・北道、咸鏡南道・北道、黄海道)の知事を任命し、韓国の統治権が朝鮮半島全土に拡大すると宣言した。同時に林炳稷《イム・ビョンジック》外務部長官は、一一カ条の対外宣言を公表した(16)。その要旨は次の通り。

一、韓半島全部が共産軍から解放されるまで、国連軍は三八度線を越えて戦闘を継続すること。
二、我が政府は、共産軍の無条件降伏あるのみ。いかなる和平交渉や協商もこれを拒否する。
三、我が政府は、韓半島唯一の合法政権である。
四、我が政府は、三八度線以北での総選挙になんら難関はないものと考える。
五、三八度線以北にはかつて合法政府が一度も存在しなかった。したがって、北朝鮮のいかなる個人も個人のグループも彼らを代表することは許せない。
六、我が政府は、信託統治とか、韓国の主権を制限するいかなる外部の措置も受け入れない。
七、国連軍は、韓国の安全が完全に確保され、かつ韓国の軍隊が国の安全を適切に引き受けるまで駐留することを希望かつ期待する。
八、我が政府は、国連委員団が引き続き駐留し、北朝鮮での選挙を監視することを期待かつ欲する。
九、我が政府は、戦乱で住居や食料等を失った人民に対する国連の適切な救援を期待する。
一〇、我が政府は、戦乱で破壊された地域への復興に国連が積極対処することを望む。
一一、最後に、我が政府は国際連合に完全かつ平等な加盟権（membership of the United Nations）を獲得することを熱望する。

以上の米国政府と国連に通告した宣言は、一九五〇年九月二十七日（米東部標準時）付で発表された。米国政府はびっくりした。彼らが特に注目したのは、宣言の第三項であった。原文は次の通りだ。

My government has always considered and now considers itself to be only legitimate government of all Korea.

Only "force majeure" has kept this government from exercising its authority north of the 38th parallel in the past, just as currently "force majeure" prevents it from exercising its authority……

（我が政府はコリア全体における唯一の合法政府であるといつも考えており、今も考えている。

過去において我々が三八度線以北に権限を行使できなかったのは、ただ不可避的な理由＝force majeure のせいであった）

米国政府は、「我が政府はコリア全体における唯一の合法政府」のくだりは、一九四八年十二月十二日に米国とその他の国連加盟国が合意、通過させた決議（朝鮮の完全な独立と統一は国連が主導）とまったく合致しないとの見解を示した。(17)

これに先立つ九月二十六日午後七時（ワシントン時間）、米国当局は駐韓米大使館宛に次のような要旨の電報を送った。(18)

「韓国の三八度線以北への即刻的かつ単独的な権限拡大要求に対して李承晩大統領を阻止すべくあらゆる努力を傾注せよ……韓国の単独的な宣言は国連加盟国の態度に悪影響を及ぼすだけだ」

米国や国連の朝鮮半島に対する基本的な立場は、今も変わりはないと思われる。すなわち、米国の先制攻撃によって北朝鮮政権が崩壊し、そこに政治的空白が発生したとしても、すぐさま韓国の統治権がそこまで拡大されるのではなく、あくまでも国連の機能による北朝鮮地域の安全の確保が行なわれるだろう。論理的、形式的に北朝鮮の政権が崩壊したならば、国連が介入し、韓国と同じような民主的手順をへて総選挙を行ない、安全と安定が確保されたあと、韓国の主権が現在の休戦線以北に拡大されるのである。

北崩壊後の進駐軍の形

北朝鮮の政権が崩壊すると、米軍はそこに必ず進駐する。しかし、一口に米軍といっても多種多様だ。

まず考えられるのは、現在、韓国に駐屯している約二万数千人の戦闘兵力を抱える米第二歩兵師団を軸とする駐韓米軍だ。しかも駐韓米軍は、地理的にも北朝鮮と緊密な位置にある。しかし、必ずしも駐韓米軍が北朝鮮占領軍となるかは定かではない。なぜならば、韓国の政治状況いかんによっては、駐韓米軍あるいは韓米連合軍の一部としての米第二歩兵師団は、韓国国籍の将兵も加わっており、またこれまでの経緯があって情報保全上などの問題があるからである。

そこで考えられるのが、米太平洋軍司令官隷下の諸部隊で、まず第一は在日米軍となる。駐韓米軍は過去数十年間、約二万人内外の兵力を維持しているが、在日米軍の兵力は常にその二倍以上で推移している。最低の場合でも、二〇〇七（平成十九）年の三万二八〇〇人、最高は二〇一三（平成二十五）年の五万九〇〇〇人との記録がある。(19)

いずれの場合でも、在日米軍の兵力は常に五万人内外を維持している。朝鮮半島戦時の場合、この兵力の相当な部分が出撃することになるのは明らかだろう。ことに在日米軍には、駐韓米軍のような問題はまったくない。在日米軍はＣＩＮＣＰＡＣの隷下部隊である。ＣＩＮＣＰＡ

Ｃの命令によって在日米軍を「国連平和維持軍」に改編することもありうる。

この場合、日本の自衛隊は在日米軍と共に国連平和維持軍に編入されうるか。もちろん日本は国連の主要加盟国である以上、国連が組織する平和維持軍に自衛隊が編入されることに特に問題があるわけではない。安倍晋三首相はすでに有事関連法を成立させ、自衛隊を平和目的のために海外派遣させることは合法化されている。また、「国際連合平和維持活動等に対する協力に関する法律」も成立している。

にもかかわらず、日本国内の一部の世論は、自衛隊の海外派遣、特に朝鮮半島への派遣に難色を示している。また、当の韓国国内でもいまだに日本の過去の侵略に対する感情的なしこりがたまっている。つまり、戦後の日本は軍国主義を完全に捨て去り、自由民主主義国家に衣替えしたが、もし日本の自衛隊が武器を携えて朝鮮半島にあらわれたとすれば、韓国人の大多数は、「また日本軍か、なぜまた来るのか」との疑問と恐怖感を抱くだろう。

しかし、米国や日本は韓国が自由民主主義体制を保つ限り、同盟国であり友好国であることを韓国そして韓国人が納得するよう努力しなければならない。合法的、合理的な政策、行動だからといっても、韓国という国家と国民の立場に立たなければ、予想外な敵対感が増殖するかもしれないからである。韓国の俗諺に「スッポンに驚いた人は釜の蓋を見ても驚く」というのがある。スッポンが過去の帝国主義の日本軍だとすると、釜の蓋は今日の自衛隊とたとえられよう。

とにかく、朝鮮半島戦時の場合、米軍は連合軍という形であれ、日本の自衛隊を含む国際連合平和維持軍という形であれ、米軍を中軸とした部隊としてかの地域に進出することは間違いないと思う。

そこで気になるのは中国だ。中国は、金正恩政権の崩壊を望んでいない。同じ社会主義体制であり、しかも朝鮮労働党と中国共産党は永遠の友党とされてきた。金正恩政権の崩壊は友党と社会主義体制の崩壊でもある。しかし、金正恩政権が崩壊しても、それまでのことだと中国も諦めざるをえないだろう。その時に備えた米中間の水面下の接触も数多くあったと伝えられている。前述したように、鴨緑江を起線として南に五〇キロメートルまで中国軍が進出することが米中間で了解されたという噂は、韓国では真実かのように語られている。

いずれにしても、金正恩政権の崩壊は即韓国の再統一にはつながらない。この点が一九九〇年十月の東西ドイツの統一とは違うのである。統一以前の東西ドイツは、原則的に第二次世界大戦の戦勝国である連合国の占領下にあった。そして統一が実現すると、連合国軍は撤退したという形となった。

ところが、朝鮮半島の場合はまるで逆である。つまり、南北朝鮮は統一が実現する前に、かた一方の地域は国連平和維持軍が占領することになる。そしてその占領地域が平静な状態に戻り、安定した状況になれば民主的な手順をへて総選挙を実施する運びとなり、その結果をもって統一の段階に入るということになる。

不信感をもたらす韓国の思想傾向

二〇一五年九月三日、北京の天安門広場では、いわゆる戦勝七〇周年記念軍事パレードが行なわれていた。広場正面の貴賓席には、習近平主席を中心に友好国の元首が居並んでいた。ロシアのプーチン大統領、モンゴルのエルベグドルジ大統領、そして唯一の米国の同盟国、韓国の朴槿恵大統領である。

朴槿恵大統領が中国の戦勝記念日の軍事パレードに招待された時、米国はさまざまなルートを通じて参加しないようにほのめかしたという。朴大統領の側近L氏は米国側に大統領の中国行きは不可避と伝えたが、朴大統領にはできれば行かない方がよいと進言したとされる。その都度、朴大統領は「なぜ私が行ってはいけないのか」と反発したという。結局、中国行きに関して米国と協議はおろか、事前に一言も伝えなかったので、L氏は見るにみかねて個人的に駐韓米大使に事前通告をしたという。

これ以後、米国では「韓国の中国傾倒（South Korea's tilt toward China）」が合言葉のように問題視されるようになった。なかには韓国との同盟関係を再検討するべきだとの議論もあった。そのあと朴槿恵大統領が核安全保障会議に出席するため訪米した際、オバマ大統領は朴大統領に向かって、南シナ海における中国の無秩序な行動に対し国際規範を守るよう、韓国も声を出して欲しいと直接的な要求をした。韓国の中国傾倒に対する米国の露骨な不快感の表明であった。

二〇一六年九月、金正恩は五回目の核実験を強行した。これと前後して韓国政府は米軍のTHAAD（Terminal High Altitude Area Defence = 高高度空域防衛）のミサイル配備に合意するなど、米国が懸念する韓国の中国傾倒をある程度は修正した。特に朴槿恵大統領は、北朝鮮の五回目の核実験に抗議するため、習近平主席に電話会談を申し入れたところ、電話さえ受け付けられなかった。朴大統領は「我が信じる斧に足を切られた」との韓国の俗諺のように、信じてやまなかった我が友、習近平にしてやられたと強く唇をかんだはずだ。これを機に韓国政府の中国に対する不信感はつのり、中国傾倒はややただされることになったと見られる。

しかし、米国朝野の韓国不信感はいまだ完全には払拭されていない。米政府当局や駐韓米軍当局など公的立場の人は、「米韓同盟は揺るぎないものだ」とはいうものの、その根元には不信感が宿っている。龍山基地の平沢移転に躊躇することや、駐韓米軍家族の日本への頻繁な疎開訓練などが、韓国に対する不信感のあらわれであろう。

一世紀前もそうであったように、韓国政府当局や指導層の逡巡は、韓国を国際社会で孤立させる重要な要因になっている。一世紀前、中国（清国）との長い絆に執着するいわゆる守旧派と、日本との交流を進めて開化を目指す開化派とが暗闘に明け暮れ、国勢は停滞し、さらに後退してしまった。一九世紀末から二〇世紀初頭までの韓国の政治は、親清か親日、あるいは親露かで国の外交方針がなかなか決まらなかった。その情勢をすばやく察知した日本が親日派を籠絡し、結局は合併にまでいたってしまったと総括できるであろう。

歴史はまったく同じ軌跡を繰り返すことはない。しかし、時には類似した道程をたどることはある。今現在、韓国は一九世紀末から二〇世紀初頭の跡を追うような形になっている。昔も今も韓国の指導層は、なにごとにもどっちつかずの態度で終始する。彼らは同盟国たる米国も重要ではあるが、中国も米国に優るとも劣らないパートナーと考えているようである。

貿易量を見れば、米国とのものより中国との方がはるかに多大だ。ちなみに二〇一四年度の対米貿易量が韓国の総輸出量の一二パーセント（七〇二億八五一万ドル）に対して対中輸出量は全体の二五パーセント（一四五二億八七〇〇万ドル）と二倍強になっている[20]。そこで野党はもちろん、韓国政府の一部でさえＴＨＡＡＤミサイルの配備に猛烈に反対している。その最大の理由は、「我々の生命線である中国を刺激するからだ」という。

彼らはものすごい反米派でもある。一九五〇年六月に北朝鮮が「統一戦争（祖国解放戦争）をはじめたとき、米国の介入がなかったならば、この国はとっくに統一されていただろう」というのが彼らの主張だ。米国との同盟よりは、民族同士で暮らすのが理想だと彼らは思っている。そのような思考の持ち主が韓国人の五分の一、一〇〇〇万人はいる。それは第一に朝鮮労働党の過去七〇年にわたる粘り強い対南工作、第二にその影響を受け、かつ組織的に活動している全教組（全国教職員労働組合）による教育の効果といえる。

彼らは世界の潮流に逆らっている。例えば、彼らは共産主義の宗主国であった旧ソ連の政治体制、もしくはそのマルクス・レーニン主義をまねて捏造した金日成のいわゆる主体思想を盲信する信徒ともいえよう。主体思想を盲信するがゆえに米国に反対し、日本を憎む。これは、まさに世界の大勢に逆らって自ら孤立を招くことになろう。

さてここで、思想と称してよいものかと思うが、主体思想なるものについて説明しなければならない。現在、韓国の五〇代以下の世代は、金日成が主唱した主体思想に馴染んでいる者が多い。特に今、政治に携わっている五〇代、六〇代は、大体が主体思想に染まっているといえよう。

主体思想は「唯一思想」ともいう。北朝鮮の人民たる者は、この唯一思想以外の思想を持ってはならないことになっている。現代社会では考えられない現象だが、歴史を見ると全体主義や超国家主義の社会において、特定の人物を神格化して崇拝させる社会は存在した。それと似通ったものが、今日でもまかり通っているとすれば理解しやすい。

金日成が主体思想なるものを表に出しはじめたのは、一九五〇年代末から六〇年代初頭にさかのぼる。いわゆる祖国解放戦争が失敗に終わった一九五三年以降、金日成政権は不安定なものだった。そして一九五六年二月、ソ連のフルシチョフ書記長はスターリンへの個人崇拝を攻撃して否定したが、これで金日成は恐怖感に襲われた。そこで彼は、まず南朝鮮労働党の党首で副首相でもあった朴憲永《パク・ホニヨン》をはじめとする南出身の共産党員全員を米国のスパイとして粛清した。そのあと中国帰りの延安派、ソ連出身のソ連派、さらには自分と同じ立場のパルチザン出身の甲山派までを次々と粛清した。

この第一次粛清の契機となった朝鮮労働党中央委員会第四期第五回全員会議が開かれたのは、一九五六年八月であった。この席で金日成は、次のように言及した。

「……我が党には、その間に知らず知らずのうちに資本主義思想、修正主義、教条主義、封建儒教思想などなど、あらゆる雑多な思想が入り混じっていた」

金日成は、これら雑多な思想を払拭して一糸不乱の思想体系の確立が必要だと感じた。そこで彼は、労働党を揺るぎない指導体制の下に置くべく、徹底的な唯一思想体系を創設することに着眼した。唯一思想体系こそが社会主義建設、さらには祖国統一を早める手段であると金日成は確信した。これが一九六六年の朝鮮労働党中央委員会第四期第一五次全員会議において基本方針と定められた。

これ以降、北朝鮮では金日成著作選集や労働党政策関連書籍以外のものは、禁書となった。世界文学全集や外国の文化・芸術関連の書籍はもちろん、『資本論』などマルクス・レーニン主義の古典までが焚書とされたのだから、まったく理解に苦しむ。

こうして登場したのが、主体思想なるものだった。それはつまり金日成の指導理念を唯一思想体系として理論的にまとめた体裁をとったものである。在日朝鮮人総連合会（朝鮮総連）の元組織部副部長であった河秀図《ハ・スト》氏は、その著作『金日成思想批判』の冒頭で主体思想について次のように述べている。

「永生不滅の主体思想は偉大なる金日成主義の真髄である。主体思想は金日成主義の思想理論および方法論的基礎である。主体思想はわれわれの時代の革命的世界観の根本的礎石であり、革命と建設の原理的指導思想であり、人類解放の旗印である」

では、その真髄といわれるものの内容とはなにか。金日成自身は、その核心について「人間があらゆるものの主人であり、すべてを決定するということが主体思想の基礎である」と労働党に示したという。なんとも単純明快な定義だが、これが韓国の一部の学生を熱狂させている。トランプ大統領が「米国第一」を掲げて白人有権者らを狂喜させたように、主体思想は韓国の左翼学生はもちろんのこと、それなりの地位にある者までを狂乱状態に陥らせる。例えばソウルの朴元淳市長すらも、主体思想の受け売りとしか思えない「人間第一」を掲げて人気を集めようとしている。

主体思想は、つまるところ人間第一思想という至極もっともなようなことで、思想というよりはモットーとか標語のようなものだといえる。どこに理念としての説得力があるのかと思えば、韓国人は往々にして言葉の実体や発言に忠実な行動に着目するよりも、モットーや口舌により強い反応を示す。例えば民主化を声高らかに唱える人の行状には目もくれず、その民主化という口舌に関心を注ぐのである。

「人間第一」と叫ぶ人、そして指導者が、実際には人権を言語に絶するほど蹂躙していても、その行動よりも、それが唱える言質を評価するわけである。自由民主主義体制を否定し、独裁者と組んで統一を企んだ金大中しかり、盧武鉉しかりである。韓国内の多くの青少年の心をつかんでいるとされる、人間中心の主体思想というものは、実はプロパガンダの単なる手段、宣伝扇動のほかのなにものでもないことが、なかなか韓国社会に伝わらないことには苛立たしさを覚える。

韓国、そして韓国国民がそのようになったのには歴史的な背景がある。一九四五年、日本による植民地支配から解放された朝鮮は、直ちに分割された。国土が北緯三八度線を境に分断されただけでなく、人々の思想も完全にわかれてしまった。

ソ連が日本との中立条約を一方的に破棄、怒濤のごとく旧満州に奇襲攻撃を敢行した一九四五年八月九日、北朝鮮の東北端の雄基《ウンギ》や清津《チョンジン》にもソ連軍が上陸した。そして、旧ソ連を祖国とするマルクス・レーニン主義、すなわちプロレタリア暴力革命を信条にする思想の追随者、約一〇〇〇万人が三八度線以北において政治集団を構成しはじめた。

一方、ソウルでは日本が連合国に降伏した一九四五年八月十五日、当時の京城駅前には群衆が集まり、「赤軍歓迎」のプラカードを掲げてデモをした。共産主義者たちの素早い組織的動員力を見せつけた一例である。その翌年の九月、「民主主義民族戦線」という共産主義団体は、当時あった二〇〇個の政党や団体（左翼あるいは急進共産系）の構成員は七九七万七二八一人だと発表している。韓国の総人口が二五〇〇万人の時代であるから、全人口の三分の一弱の数である。これに当時の北朝鮮の人口約一〇〇〇万人をプラスすると、共産主義者もしくはその同調者は二〇〇〇万人近くにもなる。(21)

この時期に前後して米軍政庁が行なった世論調査でも、対象(韓国人)の七八パーセントが民主主義よりも社会主義を信奉していたという。あの時代を振り返ると、おそらくは韓国にだけある俗諺が思い出される。「サチョン(四寸＝従兄弟)が土地を買うと腹が痛む」だ。日本にも「兄弟は他人のはじまり」という諺があるが、妬みを意味するものではない。韓国の兄弟は「他人のはじまり」と同時に、互いに妬み合う関係となる。

いわんや、他人においておやである。多くの韓国人は、金持ちに対していわれなき怨念を抱いている。日本でのように金持ちに黙って奉公するという気持ちはなく、「ネズミの穴にも日が差す時がある」という俗諺通り、「今に見ていろ俺だって、お前に優る時(金儲けや出世)がくる」との意気込みが韓国人にはあるように見える。

これは見方によっては、個人的にも社会的にも、ひいては国家的にも発展のもとといえなくもない。しかし、韓国人特有のこの妬みは、憎しみに転化しやすい。憎しみは敵対意識につながる。憎しみと敵対意識は、学校のクラスメートのような小さいグループから会社や企業、さらには政治、そして社会全体にそのまま広がる。それこそが分裂の要因になるのである。

韓国の左傾団体の施策の眼目は、この韓国人特有の憎悪と憤怒、そして相互の敵対感を煽ることにある。彼らはこれを最大限に活用し続けてきた。朴槿恵政権に対してあらゆる手段を講じて憤怒を煽ったことは、その好例であろう。

南北、左右、東西と限りなく拡散する韓国人の分裂症状は、あたかも核分裂のようにすさまじい破壊力を発揮する。今の南北朝鮮の分断と睨み合い、西（全羅南北道）と東（慶尚南北道《キョンサンナンブクド》）の対峙、政治的な左右の闘争などなど、もとをただせば先に述べた妬みから憎悪へ、憎悪から芽生えた敵対意識によるものではないだろうか。

そして今、韓国はそのように四分五裂された状況にある。そして二〇一六年十二月に朴槿恵大統領の弾劾が国会で決議され、それを憲法裁判所が認め、国論は再び真っ二つに割れた。それが現状である。

保守勢力の基盤となりうるのか「軍」と「財閥」

承知のように韓国は徴兵制の国であり、国民と軍との関係は密接だと思われるかもしれない。ところが実情は違う。韓国の青少年の希望する職業に「軍人」（職業軍人）はない。彼らは教師、判事、医師などに憧れている。そもそも韓国は、崇文社会である。特に朝鮮王朝五〇〇年がそうであった。一九世紀末、大韓帝国の軍事力は、侍衛連隊（近衛連隊）二個、各道に鎮営（大隊規模）一個で計八個、総兵力は六〇〇〇人に満たなかった。この頃、日本陸軍は約一三万人だった。上流階級をさす両班とは、文官の文班（東班）、武官の武班（西班）の両方という意味からきているが、朝鮮王朝の末期になると武班はほぼ消滅したかに見える。

そういう歴史からすれば、一八年にわたる朴正熙政権の時代は例外中の例外であった。朴正熙政権下の軍人は、政治、経済、社会はもちろん、文化や芸術の分野にまで進出していた。これを国軍が主導した「軍事文化」と称していた。その中核となったのが「ハナへ（ハナ会、一の会）」だった。一九六一年五月十六日の軍事クーデターに成功はしたものの、この革命主体勢力は国軍中枢部ではなかったため、その政権基盤は不安定きわまりない状態だった。そこで朴正熙将軍は、慶尚北道の同郷で腹心の尹必鏞《ユン・ピリョン》中領に親衛隊を組織するようほのめかした。

そこで尹必鏞中領は、慶尚北道を故郷とする陸士出身のエリート将校を密かに組織化した。また四年制陸士一期となる一一期、次いで一二期のこれまた慶尚北道出身者を中心に横断的な集団を組織した。この一一期生、一二期生の軍内結社は七星《チルソン》グループと呼ばれていたが、全斗煥、盧泰愚もそのメンバーだった。そしてこれらが集まり、准将に昇進していた尹必鏞を中心とする「ハナへ」となった。

「ハナへ」の会員は互いに引き合い、良い補職を回し合い、優先的に進級もできるようになっていった。この存在はいつしかマスコミも知るところとなり、多くの会員の出身地である大邱《テグ》と慶尚北道の頭文字からＴＫ、ＴＫ師団とも呼ばれるようになった。全斗煥と盧泰愚が大統領になれたのも、この「ハナへ」の存在を抜きにしては考えられないだろう。

そしてそれに対する反発からか、一九九二年からの金泳三大統領は、自らを文民政府と名乗り、「軍事文化」を各分野から一掃した。おおかたの国民は、これに拍手喝采を送ったものである。その一環として行なわれたのが「ハナヘ」の解体だった。この実務を担当したのが、慶尚北道出身ながら「ハナヘ」の会員でなかった陸士一五期の権寧海《コン・ヨンヘ》氏だった。彼は国家安全企画部長、国防部長官を歴任しているが、金泳三大統領に憎まれ役を押し付けられた形となった。これで「ハナヘ」は一掃されたが、軍内ではアルジャ会（核心会）、ナヌム会（分かち合いの会）などがあったが、「ハナヘ」ほどの影響力はなく、いつしか消えていった。

このような歴史から、現在では韓国社会での軍人の影響力というものは皆無といってよい。徴兵制の国だから、在郷軍人会は会員六五〇万人を擁する韓国最大の任意団体ではあるが、これまた社会への影響力はごく限られたものになった。「雪上加霜」（泣きっ面に蜂）とでもいうべきか、最近、何人かの在郷軍人会の会長は、将軍の出身ながら、収賄や不正事件に巻き込まれ、裁判中か投獄される羽目に陥った。そのためもあり、会長の座は現在空席となっている。

現役であれ、予備役であれ、軍人が出る幕はもう韓国にはないのではないかと思う。軍人の出番は、まったく封鎖されているのが現状である。ただ、どのような情勢になっても、確実に組織されているのは、湖南《ホナム》（全羅南北道）出身の軍人だとされる。彼らは目立つ存在ではないが、「湖南星友会」（将軍歴任者の集まり）を組織して団結力を誇示し続けている。朴槿恵元大統領府の金寛鎮国家安保室長、金長洙《キム・チャンス》駐中大使、これみな湖南出身の元将軍である。

また一つの保守派のパワーセンターと見られるのが「財閥」だ。資本主義体制下で成長した財閥は、当然ながら社会主義経済の北朝鮮を忌避するはずと思われよう。しかし、これまた韓国には複雑な事情がある。

一九四五年八月、朝鮮半島にあった主要産業施設の九割が日本人経営によるものだった。これが解放と共に「敵産」（敵性資産）と呼ばれるものとなり、米軍政庁の管理下に置かれた。これを民間に払い下げることになったが、そこに米軍政庁との癒着や不正があった。この払い下げられた「敵産」を原資に企業が形成されたのだが、今日まで生き延びたのは韓国火薬を中心とするハンファ・グループぐらいである。このように韓国の企業は、その当初から資本主義の発達から生まれたものではなかったのである。

大韓民国が成立してからも、この経済構造に変化はなかった。「敵産」の銀行は政府が管理することとなったため、企業に対する銀行融資は政府の思うままとなり、そこに「政官財」の密接な関係が生まれ、多くの場合、不正な癒着ということになった。そこに米国からの経済援助が加わるから、この不明朗な関係はいよいよ加速される。とにかく銀行の貸出金利は、インフレによる物価上昇率よりはるかに低利だったから、あの手、この手を使って銀行融資を引き出した者が経済界の勝者となった。

このようないびつな資本主義も、朝鮮戦争で一切ご破算かと思いきや、その構造は根強く生き残った。軍の役務、軍需品の納入、民需品の輸入、これすべて政府との関係において成り立

［三星財閥の支配構造］（数字は株持分%）

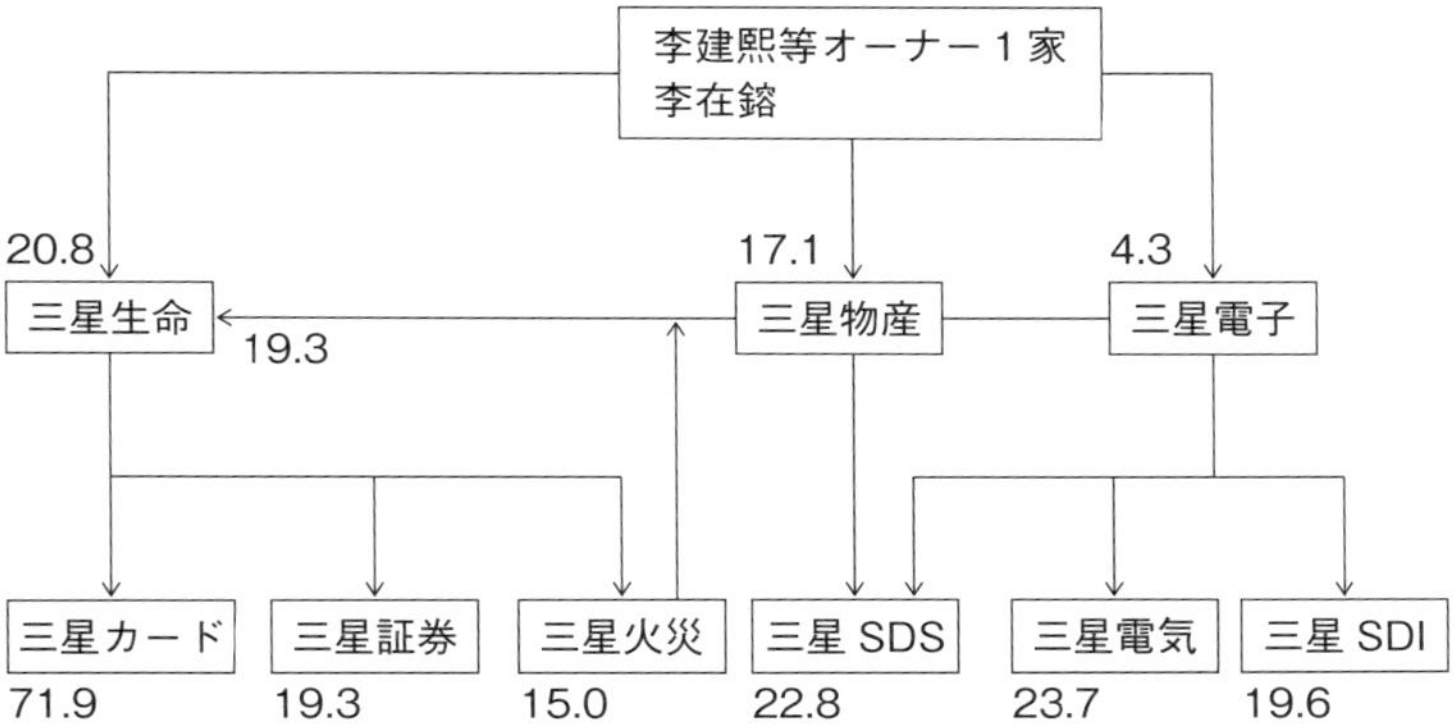

つものである。そして一九五三年七月、休戦となって戦後復興がはじまり、この頃から今日の財閥の基礎が固まりだす。一九六〇年四月、李承晩政権が倒れ、八月に成立した張勉《チャン・ミョン》政権は、政治と癒着した新興財閥に圧力を加えたものの、すぐに一九六一年五月の軍事革命を迎えることとなった。

朴正熙政権による第一次経済開発五カ年計画は、一九六二年からはじまった。これには資本が必要だが、国内にはその蓄積がない。そこで外資導入しかないのだが、当時の韓国の企業には国際的な信用がないため、政府が保証することになる。この政府保証と外資導入の許認可そのものが「特恵」（特別恵沢）となり、政官財の癒着構造は顕著なものとなったのである。

韓国最大の財閥「三星《サムソン》」の創業者である李秉喆《イ・ビョンチョル》氏は、韓国が日本に併合された一九一〇（明治四十三）年に大邱で生まれ、日本の早稲田大学に学んだ裕福な家庭の御曹司であった。一九四五年の解放当時、彼は家業の醸造業を営んでいた。また家業とは別に彼は、一九三八年から大邱で三星商会をはじめている。これが今日、「世界のサムソン」として知られる従業員二五万四〇〇〇人（二〇一五年現在）を擁し、年間売上高二七二兆ウォンの巨大企業となった。この売上高は、韓国の国家予算の七二・五パーセントに達する。その支配構造は前ページの図の通りである。

さて、韓国を代表する大企業「三星」は、独力でここまで成長したのだろうか。そうではなく、政治権力との癒着によるものだとするのが一般的な見方である。休戦直後、三星は第一製糖、第一毛織を創立して、本格的に産業資本に転換した。そして粗糖の精製、小麦粉の製造、綿布の生産と、いわゆる「三白産業」として発展した。そして「三星」には、同郷の朴正熙大統領による支援があった。「三星」は、一九六六年に日本の三井物産とジョイントして蔚山《ウルサン》に肥料工場を建設するが、その際、日本から大量のサッカリン（人工甘味料）を密輸するというスキャンダルも起こしたが、うまく切り抜けた。「三星」に次ぐ第二の大手財閥「現代《ヒョンデ》」は、朴正熙大統領から造船業を依託され、それに伴い数百万坪の土地を払い下げられた。このように政府の庇護なしでは、なにも手をつけられない無の状態から成長したのが韓国の財閥企業だといえよう。いわゆる資本主義、自由主義経済とは、大きく色合いが異なるわけである。

恩恵を受けた財閥は、その見返りとして政府や与党に巨額な資金を供与する。そのために企業は、粉飾会計を通じて「秘資金」（秘密資金）を蓄積する。この秘資金は、大企業と政治権力者が共有する。例えば、盧泰愚元大統領は六七〇〇億ウォンもの資金を隠匿し、それが暴かれ投獄された。全斗煥元大統領は、数兆ウォンを「統治資金」として集め、これを私物化した。金大中元大統領も六五〇億ウォンの秘資金を抱えていることが、金泳三政権の末期に暴かれた。ところが金泳三大統領は、選挙を控えた政治状況に悪影響を及ぼすとして、捜査を中止させてうやむやに終わった。

この秘資金や統治資金なるものは、公然と集金する場合すらある。一九八三年十月九日、ミャンマーを訪問した全斗煥大統領一行は、北朝鮮による爆弾テロに遭って、全大統領は危うく一命を拾ったが、一七人の閣僚や随行者が犠牲になった。そこで全大統領は、大企業に殉職者への弔慰金を求め、各企業に割り当て五〇〇億ウォンを集金した。

歴代大統領のこのような秘資金集めは、慣例となり、準租税行為のようにもなった。朴槿恵前大統領は、公益のためのミール財団を設立するために「三星」など大企業に寄付を呼びかけたが、これが収賄罪に問われることとなった。「三星」は二〇〇億ウォン余を拠出したが、朴前大統領はそれを私物化したわけではない。しかし、慣例だから問題はないはずというワナに掛かったといえよう。

三章　激高する民族性がもたらした事態

異様な雰囲気に包まれる映画館

私はビクトル・ユゴーの『レ・ミゼラブル』が好きだ。小学生の時、日本語訳を読んだのが最初だが、映画も韓国、日本、米国で何回も見た。特にジャン・ギャバン主演の作品には感銘深いものがあった。こればかりは、何回見ても飽きることがない。

さて、韓国の映画館で『レ・ミゼラブル』を見ていると、奇異な現象に出くわす。承知のように映画の後半部になると、パリ市街でジャコバン党の市民軍と王党派の軍隊とが激しい戦闘を繰り広げる。結局、市民軍が勝利の旗を掲げる。その瞬間、映画館内は拍手喝采と奇声とが入り交じり、騒乱じみた異様な雰囲気に包まれる。日本や米国の映画館では、まず見られない光景である。

これは『レ・ミゼラブル』だけではない。ひと昔まえ、韓国では『南部軍』(邦題『南部軍愛と幻想のパルチザン』)という映画が上映された。李泰《イ・テ》というゲリラ部隊にいた者による小説を映画化したものだ。その内容は、韓国の西南部の智異山《チリサン》一帯を舞台に北朝鮮が支援する反韓武装ゲリラが神出鬼没の遊撃戦を展開したことを描いている。ゲリラ、パルチザンは韓国軍や警察を悩ませ続ける。軍と警察側からすれば討伐作戦となるが、ゲリラ側からすれば圧政に抗する英雄的な戦闘となる。ゲリラは夜な夜な討伐部隊を奇襲して皆殺しにし、村民と協力しながら悠々と姿を消す。その都度、映画館には耳をつんざくような歓声と拍手がみなぎる。

この種の映画はほかにもあった。一九五〇年七月、敗走する韓国軍を支援するため来韓した米第二四師団長のディーン少将は道に迷った。これを村の農夫が北朝鮮軍に通報し、ディーン将軍は捕虜になった。この史実をテーマの一部にした『ウェルカム・ツー・トンマッコル』(邦題『トンマッコルへようこそ』)という映画だ。来援した米軍と韓国軍を侮蔑し、朝鮮人民軍兵士を「民族の英雄」として扱っていた。韓国の観客は、国軍や米軍を愚弄する場面や「英雄人民軍」に奇声と拍手喝采を送り、これまた映画館は騒乱状態に陥る。

韓国人の私でも理解しにくく、この現象をどう説明してよいかわからない。簡単にいってしまえば、韓国人は概して反体制的だとなるのだろう。そうでなければ、自分の国の軍人や警察官が殺される場面に拍手するはずがない。このように反体制志向の韓国人は、誰かに煽られるとすぐに激高して騒ぎだす。

また、韓国人には「弱者びいき」という性向がある。日本にも源義経に対する「判官びいき」があるが、これは敗者に対する同情や滅び去る者への哀切の気持ちで、韓国人の「弱者びいき」とは多少意味合いが異なっているように思う。韓国人の「弱者びいき」には、真実とか嘘とかは問題にならない。強者が誠意をもって語りかけても、弱者はそれに従わず暴力をふるっても社会はそれを許容する。大衆は強者だけを憎み、弱者がなにをしてもそれに同情して共鳴する。韓国人は自由民主主義よりも、暴力革命的な共産主義に傾きがちなのも、この「弱者びいき」で「強者嫌い」の先天的な性格によるものではないかと思われてならない。

韓国人は米国や日本、中国などの国の人々を呼ぶ場合、語尾にノム（奴）を付けて蔑称にする。すなわち、ミクックノム（美国人＝米国人の奴）、イルボンノム（日本人の奴、はなはだしい場合にはウエノム＝倭奴）、チュングックノム（中国人の奴、はなはだしい場合にはテノム＝垢奴）となる。だが、ベトナム人やフィリピン人には、ノムを付けない。彼らは侵略に遭うばかりの弱者であって、まったく強者ではない。したがって、ベトナムノム、フィリピンノムとは呼ばない。ここにも韓国人特有の「弱者びいき」を見ることができる。

そしてこの「弱者びいき」が北朝鮮に傾く要因ともなっている。北朝鮮は人口二三〇〇万人、失政の結果にしろ飢えに悩む「弱小国家」であることは、誰もが認識しているところだ。その「弱者」がミサイルや核兵器を開発して、「強者」の米国や日本に挑んでいる。なんとも不思議なことながら、これにすくなからぬ韓国人が拍手を送り、共鳴する。これは「弱者びいき」でしか説明のつかない現象である。

たび重なる外患の歴史

一九八〇年の夏だったか、東京・上野の国立博物館で「韓国五千年展」があった。新羅時代のきらびやかな黄金の王冠とか曲玉など華麗な展示物に日本人の目がそそがれていた。当時、朝鮮日報の東京特派員だった私は、日本人の感想を知るべくインタビューしてまわった。そんななかの一人に司馬遼太郎氏がいた。彼は「これはスキタイ文明だね……」と語っていた。日本の作家の目には、韓国独特の文明を率直には受け止めず、スキタイ文明の流れのようにしか映っていないかと少々失望した。しかし、よく考えてみると、このスキタイを騎馬民族と言い換えれば、まんざら的外れではないと思い直した。

さて韓民族の始祖がいつ、ここ朝鮮半島に定着したかは定かではない。韓国の正史によれば、四三五〇年前すなわち西暦紀元前二三三三年に天帝桓因の孫、桓雄の子である檀君が阿斯達《あしたつ》(平壌か)に都邑を定め、檀君朝鮮を建国したという。これは中国の魏書を引用した三国遺事[22]の紀異篇に記されている。

さらに史書をひもとくと、紀元前二五〇〇年頃、シベリアのツングース系のコマ族もしくはケマ族が南下しはじめたという。紀元前後になると、朝鮮半島から中国東北部(満州)の南部から中部にかけて、のちに韓民族と呼ばれることとなる諸種族が定住していたとされる。すなわち、満州も含む鴨緑江沿岸地帯に古朝鮮族、高句麗族、挹婁《ゆうろう》族、満州中部には扶余《ふよ》族、朝鮮半島の東部には濊貊《かいはい》族、西部には馬韓族、南部には辰韓族と弁韓族となっている。

このような部族の移動、その間に異民族との接触、そして後述する外患が重なり、血の混交がなされたことは容易に想像できよう。そうなると韓民族は純粋な単一民族とは言えなくなる。よく語られる韓国の地域性も、その根源はここにあるのだろう。

朝鮮半島は史上、九〇〇回以上の侵略を受けたといわれる。そのうち大規模なものは六回を数える。

その第一回は、六一一年から三回にわたる隋の煬帝による侵攻である。第一次侵攻の隋軍は三〇万人の大軍、これを迎え撃ったのが乙支文徳《ウルチ・ムントク》将軍が率いる高句麗軍であった。乙支将軍は巧妙にも軽戦や交渉を重ねながら隋軍を平壌まで誘致し、平壌城でこれを阻止した。平壌城を攻めあぐねたうえに、補給線が伸びきった隋軍は撤収することとなったが、高句麗軍はこれを追撃、清川江《チョンチョンガン》を渡河しようとしていた隋軍を痛撃、鴨緑江までたどり着いた隋軍は三〇〇〇人に満たなかったという。この快勝を清川江の古名から「薩水《サルス》大捷」と呼び、乙支将軍の武功を称えるため、韓国軍の武功勲章に乙支章が定められている。

第二回は、六五八年から六六四年に唐が新羅と連合して高句麗に侵攻、百済と共に高句麗を滅亡させた六年戦争である。新羅は三国を統一し、朝鮮半島に千年王朝を築いた。そのあと六年足らずの六七〇年に唐はまたも侵攻したが、今度は失敗したものの、これが第三回目の大侵攻となる。この六年後、唐軍は半島の北半分から撤退した。

第四回の大侵攻は、一〇一八年から一〇一九年の契丹と女真によるものだった。迎撃した高麗軍を率いたのが姜邯賛《カン・カムチャン》将軍で、この侵攻軍を亀州《クジュ》（平安北道亀城《ピョンアンブクド・クソン》）で撃破し、一年足らずで撃退した。これを「亀州大捷」と呼んでいる。そして第五回は、一二三一年からの蒙古、元による侵攻であった。元軍の殺戮、略奪、拉致は徹底しており、一年間で三〇万人もが拉致されたこともあったという。そして一二六〇年から高麗は元の属国となった。しかも元の日本侵攻に協力させられたのだから、まさに踏んだり蹴ったりで韓国でいうところの「雪上加霜」であった。

そしてどの侵攻よりも痛かったのは、第六回の侵攻となる一五九二年から九八年まで続いた壬辰・丁酉の倭乱であった。日本の教科書では、さりげなく「文禄・慶長の役」と記述しているが、その一例は次のようなものだ。

「秀吉は、九州を平定した直後、明との勘合貿易の復活をくわだて、天正十五（一五八七）年、まず対馬の宗氏を通じて朝鮮国王に対し入貢を要求した。しかし交渉が不調に終わると、秀吉は肥前の名護屋に本営をかまえ、文禄元（一五九二）年、加藤清正ら西国諸将のひきいる一五万あまりの遠征軍を朝鮮に送った[23]」

では実際、秀吉の入貢要求や一五万の遠征軍は、朝鮮と朝鮮人にどういう影響を及ぼしたのか。『秀吉朝鮮の乱』（上・下）[24]を著した金聲翰《キム・ソンハン》氏によれば、七年にわたる戦乱で朝鮮の人口の約八割が犠牲になったという。当時の推定人口は約八〇〇万人とされるから、六〇〇〇万人もが死亡、失踪、あるいは捕虜となって日本に拉致されたことになる。拉致された人の中には藤原惺窩など日本の儒学者に多大な影響を及ぼした姜沆《カン・ハン》、有田焼の始祖となる李参平《イ・サンピョン》、薩摩焼の沈寿官《シム・スカン》らがいる。また機織りの技術者も拉致されたが、その人数すら記録されていない。

各地方ごとの風土と地域性

このようなたび重なる外患の都度、婦女子はことごとく凌辱され、異民族の血が混じることは不可避な時代だった。そのため地方によって風土や気質が変わってくる。

朝鮮半島では早くから中央集権だったから、地域は行政区画とほぼ一致する。もともとは「道」八個からなっていたが、日本統治時代に南北に分けたり、解放後に済州道《チェジュド》が設けられたり、北朝鮮では慈江道《チャガンド》や両江道《リャンガンド》を新設したりして、現在では北朝鮮が九道、韓国も九道となっている。お国柄となれば、今でも昔の八道で語られる。これについては、端的に四文字で示され、以下の通りとなる。

・咸鏡道（咸興《ハムフン》と鏡城《ギョンソン》。関北＝鉄嶺関の北）「泥田闘狗」
・平安道（平壌《ピョンヤン》と安州《アンジュ》。関西＝鉄嶺関の西）「猛虎出林」
・黄海道（黄州《ファンジュ》と海州《ヘジュ》。海西＝京畿湾の西）「石田耕牛」「昼出魍魎」

・京畿道（都と畿内）「鏡中美人」「対鏡盛粧」
・江原道（江陵《カンヌン》と原州《ウォンジュ》。関東＝大関嶺の東）「岩下老仏」「巌下石仏」
・忠清道（忠州《チュンジュ》と清州《チョンジュ》。湖西＝義林池の西）「清風明月」
・慶尚道（慶州《キョンジュ》と尚州《サンジュ》。嶺南＝鳥嶺の南）「雪中孤松」「泰山喬岳」
・全羅道（全州《チョンジュ》と羅州《ラジュ》。湖南＝碧骨堤の南）「風前細柳」「細柳春風」

お国自慢や他国人を揶揄する際、このような地域の気質を表す四文字熟語をもとにあれこれ面白おかしく語っていたわけだ。しかし、案外とこの特徴は当たっている。

北方の騎馬民族は生活環境が厳しいから性格が猛々しく、すぐに略奪に走る。そんな騎馬民族が高句麗を襲い、そのまま居座ったとすれば、彼らの末裔は虎のような性格を受け継がざるをえないだろうから「猛虎出林」となる。咸鏡道《ハムギョンド》は女真族の侵攻をたびたび受けたから、目的を達成するためには手段を選ばず、直線的かつ闘争的な性格になったのも無理からぬことで、「泥田闘狗」と評されるようになった。

南部もそれぞれお国柄が違うが、北部のような猛々しさはなく、これを評する四文字熟語も詩的かつ平和的だ。忠清道《チュンチョンド》、京畿道《キョンギド》、全羅道を韓国では畿湖《キホ》地方ともいう。ここの人は性格が比較的穏和と見られている。ということは、この中部から西南地方は平野が多く、そこで土着の農耕民族が子々孫々、畑を耕しながら生きてきて、外患も比較的少なかったのではないかと推測される。南部でも山岳地帯が広がり、盆地の連なりの慶尚道は多少色合いが違っているとされる。

このような地域性は、現代の政治にも大きく影響していた。金大中は地元の全羅南道で投票の八割以上を得票していた。朴槿恵は有権者の二五パーセントを固守できると語られていたが、出身地の慶尚北道がその核だった。

若い世代は、このような郷土意識が薄れている。ソウルに人口が集中し、誰もがソウルっ子、京畿道出身の意識のようだ。生粋のソウルっ子の筆者として多少は心外だが、これも時代の流れだろう。加えて金大中政権時、本籍地などを記した戸籍制度は、日本統治時代の残滓として撤廃されて、ますます郷土意識が薄れた。さらには地域対立感情を払拭するとして、自動車のナンバープレートから地域名をはずしたケースもある。行政面での不便さを考えると、ここまでやるのはどうかと思うという声も多かった。ともかく地域性を最大の武器としていた金大中が、このような政策を行なうとはどういうことかと考えると、湖南《ホナム》に対する非湖南人の蔑視をなくす苦肉の策だったのである。

歴代大統領の出身地から見えてくるもの

たしかに鶏林八道のお国柄も昔話になった。しかし、歴代の大統領を見ていると、我々の世代は、「やはりそうか」と一人納得する気持ちになる。

初代から第三代まで、任期で見ると一九四八年八月から六〇年四月まで大統領は李承晩（一八七五年生、一九六五年没）だった。李承晩は黄海道平山《ピョンサン》の生まれだが、彼は朝鮮王族の末裔だ。一万ウォン札の肖像にもある世宗大王の長兄、譲寧大君の直系である。彼は三歳の時、ソウルに移り住み、家柄からしても京畿道の人というべきだろう。陸軍の将校として軍務に就いていた者として、李承晩大統領の国父としての貫禄と経綸には、敬服するほかなかった。やはり血は争えないものである。

第四代は議院内閣制の下での大統領となるが、任期は一九六〇年八月から六二年三月まで、尹潽善《ユン・ボソン》（一八九七年生、一九九〇年没）である。彼は忠清南道牙山《アサン》の生まれだが、一族から国務総理に相当する領議政を出している名家だから、単なる忠清道の人ではない。非常に裕福な家の生まれで、彼はイギリスのエディンバラ大学に留学してから独立運動に加わっている。一九六一年五月、軍事革命が起きると、張勉国務総理が雲隠れしてしまったので、尹大統領が革命主体勢力と直接、折衝することとなった。一九六三年十月と六七年五月、尹潽善は大統領選挙に出馬したものの、二度とも朴正煕に敗れている。

第五代から第九代、任期は一九六三年十二月から七九年十月まで朴正煕（一九一七年生、七九年没）である。朴正煕は慶尚北道亀尾《クミ》の出身で、大邱の師範学校から満州国の軍官学校に進んだ。貧しい家庭に育ち、貧困の克服を一生の指針としていた。軍事革命の際、多くの軍人が彼の下に結集したのだから、人の心を摑むのに長けた親分肌の人だった。また、一八年に及ぶ執権中、反対の声が上がっても動じることはなかったが、これはまさに慶尚道の風土、「泰山喬岳」そのものだった。

朴正熙大統領弑害《しがい》（元首暗殺）事件後、過渡政府を率いる形の第一〇代、任期は一九七九年十二月から八〇年八月まで崔圭夏《チエ・ギユハ》（一九一九年生、二〇〇六年没）である。崔圭夏は江原道原州《ウオンジユ》の出身、東京高等師範（現筑波大学）、満州国の大同学院に留学、本来は大学教授になる人だった。ところが英語の能力が買われて米軍政庁に引き抜かれ、公務員の道を進むこととなった。朴大統領死去時、崔圭夏は国務総理であり、また「岩下老仏」の性格から混乱期の収拾に適するとして大統領ということになった。

第一一代と第一二代、任期は一九八〇年九月から八八年二月まで全斗煥（一九三一年生）である。全斗煥は慶尚南道陜川《ハプチヨン》の生まれだが、彼が五歳の時、一家は大邱に移り住んでいる。彼は大邱工業高校を卒業、朝鮮戦争中のこともあり、陸軍士官学校一一期（正規四年制の一期）に進んだ。彼には強権を発動して権力を奪ったとのイメージがつきまとうが、同輩や部下をまとめ上げる力量があったことは認めなければならない。やはり親分肌の慶尚道の人だとなるだろう。

第一三代、任期は一九八八年二月から九三年二月まで盧泰愚（一九三二年生）である。盧泰愚は慶尚北道大邱の生まれ、一家は地方の名望家だったが、父が早世したため貧しい生活を送った。それでもいつもにこやかな子供だったという。やはり名家の出だからか、なんともつかみどころのない人柄で、「ムルテウ」（水の泰愚）と呼ぶ人もいた。こういうタイプの人も慶尚道にはいるという一例である。

そして第一四代、任期は一九九三年二月から九八年二月まで金泳三（一九二七年生、二〇一五年没）である。金泳三は慶尚南道巨済島《コジェド》の生まれで、実家は裕福な網元だった。彼はソウル大学哲学科に進み、朝鮮戦争後の一九五四年五月の国会議員選挙で二六歳で当選し、史上最年少の国会議員として有名になった。久しぶりの文民大統領という気負いもあったのだろうが、彼は何事につけても性急で、その言動は「瞬間芸」と言われていた。慶尚道の人らしくないが、海辺の人はまた違うのだろう。

第一五代、任期は一九九八年二月から二〇〇三年二月までが金大中（一九二四年生、二〇〇九年没）である。金大中は、全羅南道荷衣島《ハイド》の出身であり、ミステリアスな人でその経歴には明らかでない点が多い。知る限りでは、三〇代で海運業者として成功し、地方紙も経営していたという。それから政界入りし、落選を重ねながらも大統領となった。彼は「風前細柳」「細柳春風」というタイプではないが、その土地柄を十二分に活用したといえよう。

第一六代、任期は二〇〇三年二月から〇八年二月までが盧武鉉（一九四六年生、二〇〇九年没）である。盧武鉉は、慶尚南道金海《キメ》の出身、貧しい家庭に育ち、高校卒業だけで司法考試に合格している。人権弁護士として知られるようになり、同郷ということで金泳三の勧めで政界入りをしたが、なぜか金大中の傘下に入り、大統領の金的を射止めた。なぜ金大中は盧武鉉を後継者に選んだのか、多くの人は頭を捻った。もちろん政治的な思惑があったのだろうが、盧家の先祖は光州の出身だったことも多少は関係していると思われる。

第一七代、任期は二〇〇八年二月から一三年二月までが李明博（一九四一年生）である。李明博は、大阪府の生まれで、解放後に慶尚北道浦項《ポハン》に帰郷した。彼の家は貧しく、苦学して高麗大学経営学科を卒業した。そして当時はまだ小さな現代建設に就職して、神話的な猛烈サラリーマンとして有名になり、巨大企業に成長した現代建設の会長ともなった。そしてソウル市長、大統領とまさしく立志伝中の人物である。ただ、金泳三と同じく海辺の育ちのせいか、なにごとにも急ぎ過ぎるということは言える。

そして第一八代、弾劾されて任期をまっとうできなかった朴槿恵（一九五二年生）である。朴正熙将軍が陸軍本部（参謀本部）作戦局次長の時、次女（陸英修《ユク・ヨンス》夫人の長女）として慶尚北道大邱で生まれたのが朴槿恵である。もちろん朴将軍が大統領になってからのことだが、彼女は西江大学電子工学科を卒業し、フランスのグルノーブル大学に留学している。伝えられている地方の気風が、女性にも通じるのかは定かではないが、朴槿恵は父親の性格を受け継がなかったように思われてならない。「雪中孤松」の「孤」が目立ち、自ら垣根を作って閉じこもる性格だったと聞いている。その心の隙間に、崔順実《チェ・スンシル》という女性が忍び込んだということなのだろう。

二〇一七年五月の選挙で第一九代大統領となった文在寅（一九五三年生）は、慶尚南道巨済島の出身である。彼の一家は咸鏡南道に住んでいたが、朝鮮戦争中、興南《フンナム》から海路で避難し、巨済島の収容所に入り、そこに生活基盤を設けたという。その経過からすれば、彼は咸鏡道の人ということになる。李承晩大統領を別とすれば、ここに初めて北部出身の大統領が登場したわけである。

大政変（一〇・二六と一二・一二事態）も激高から

日本人から見た韓国人の印象は、感情の起伏が激しいとか、気が強いというのが一般的だろう。韓国語には日本語にはない激音や破裂音があるせいかもしれない。これにも地方性があり、韓国人でも北朝鮮のテレビを見ていると、あの強い調子の韓国語には辟易することがある。

もちろん苦難の歴史を歩んできたからか、韓国人の気性は荒い。自己反省も含めて、激高しやすいのも事実だろう。デモなどに参加して群集心理に陥り、とんでもない行為に及ぶというのは万国共通だが、高い教育を受け、修練を積んできた分別があるはずの人ですら激高しがちなのが韓国人ではないかとも思う。その顕著な一例が一〇・二六事態と呼ばれている朴正熙大統領弑害事件であり、それに引き続く一連の出来事である。

一九七九年十月二十六日、大統領官邸にほど近い宮井洞《クジョンドン》の「安家」（安全管理が万全の秘密施設）で朴大統領を囲んだ夕食会が催された。招かれたのは秘書室長の金桂元《キム・ケウオン》、中央情報部（KCIA）長の金載圭《キム・ジェギュ》、警護室長の車智澈《チャ・ジチョル》の三人であった。金秘書室長は、軍事英語学校の出身、陸軍参謀総長、中央情報部長を歴任した元大将で軍の元老である。金部長は朴大統領と同郷で六歳年下だが、金載圭の父親に面倒を見てくれと頼まれた朴大統領は、彼と一緒に上京して士官学校二期に入ったという間柄でもある。金載圭は第三軍団長を務め中将で予備役に入り、一九七六年から第八代の中央情報部長となった。

警護室長の車智澈は、五・一六軍事革命の時、空挺部隊の大尉だったが、その前から朴正煕将軍に気に入られていたという。クーデター後、車智澈は国会議員となり、国会内務分科委員長にまで栄達し、一九七六年に大統領警護室長となった。大統領の信任をよいことに、傍若無人に振る舞い、ついには現役の中将を警護室次長にすえ、自分はあたかも大将になったつもりで大統領府に君臨していた。これは軍の秩序を乱すものとされ、退役、現役を問わず将軍たちの反感を買っていた。

特に何かと接触する金載圭と車智澈の仲は険悪なものとなっていた。そんな折、一九七九年十月中旬から釜山ではじまった学生デモが深刻な状況となっていた（釜馬事態、釜山と馬山《マサン》地域での騒乱）。これについて、車警護室長は中央情報部の無為無策ぶりを朴大統領の面前で金部長を難詰したこともたびたびだったという。堪忍袋の緒が切れる寸前の金部長のところに、朴大統領を囲む夕食会の知らせが入ったわけである。

この席で車智澈は、金載圭に面と向かって中央情報部の不手際をあげつらい、強硬手段をもって釜馬事態の収拾を主張し、朴大統領の同意を求めた。これで金載圭の心の糸が切れた。彼は肝臓病を患っており、精神的にも不安定だったのだろう。ついに拳銃を取り出してまず車智澈を撃ち、続いて銃口を朴大統領に向け、二人を射殺した。

この未曾有の事件の捜査は、国軍保安司令部（保安司）が行なうこととなり、司令官は全斗煥少将だった。国軍保安司令部の前身は防諜隊（CIC＝Counter Intelligence Corp）である。李承晩時代、防諜隊長は陸軍少将だったが、大統領に「直報」（直接報告）する権限を持っていた。本来の命令系統は、陸軍本部情報参謀副長、参謀総長、国防部長官、大統領であるが、三段階も飛び越して大統領に直接報告する体制になっていた。

本来、防諜隊の任務は、敵の間諜を捜索して逮捕、審問、送致することであったが、李承晩大統領は防諜隊長に戦時中、特別の権限を与え、ついには国防部長官や各軍参謀総長の身元調査まで行なうようになった。大統領は防諜隊長の報告を受けたあと、国防部長官や各軍の参謀総長の任免を決めていたのである。一九五六年一月、防諜隊長であった金昌龍《キム・チャンヨン》少将の越権行為や階級秩序の破壊に耐えかねた一部の勢力が彼を暗殺した事件も起きている。

防諜隊は朴正煕大統領の末期に陸海空軍統合の国軍保安司令部に改組され、続いて国軍機務司令部（機密事項を所掌するの意）となったが、一九九二年までは依然として大統領への直報権限を持ち、おもに政治家の査察を行なっていた。

さて保安司令部を中心とする「大統領弑害調査合同捜査本部」（合捜）は、主に金載圭の供述から、①金部長が犯人、②犯行の直後、金部長は鄭昇和《チョン・スンファ》陸軍参謀総長と一緒に車で陸軍本部B2バンカー（地下指揮所）に行った、③鄭参謀総長は金部長の犯行という事実を知りながらも上部（国防部長官や崔圭夏国務総理ら）に知らせず、犯人と行動を共にした、などの事実を確認し、さらには金情報部長と鄭参謀総長の間には金銭授受の関係があることも摑んだ。

そこで合捜本部長の全斗煥は、大統領への「直報」権限を行使することとした。そして一九七九年十二月十二日夕刻、合捜の捜査官五人が龍山区漢南洞《ハンナムドン》にある陸軍参謀総長官舎に向かい、鄭昇和大将と面会、すぐに金載圭との金銭授受の問題を取り上げ、同行して取り調べに応じるよう求めた。もちろん鄭参謀総長は拒否、国務総理に電話をしようとした時、銃撃戦が起きてしまった。最初に誰が発砲したかは不明のままである。そして鄭参謀総長は連行された。

いくら大統領代行の認可を受けたとしても、陸軍参謀総長を連行して取り調べをすることは、ある種のクーデターであろう。これを主導したのは合捜本部長の全斗煥少将と「新軍部」と呼ばれるようになるグループだった。もちろん、この動きに反対するグループも存在していた。

権力奪取に動く「新軍部」に対抗する勢力の中心は、首都警備司令官の張泰玩《チャン・テワン》少将だった。張少将は朝鮮戦争中に将校養成のため臨時に設立された陸軍綜合学校一一期である。陸軍綜合学校の出身者は、六年制中学在学から大学中退まで学歴はさまざまだった。朝鮮戦争の最中、数カ月の訓練を受けて少尉に任官、すぐさま前線に配置されたいわゆる「消耗品少尉」であった。張将軍は激戦を運よく生き抜き、将軍にまで進級した幸運児の一人である。当然、韓国軍内部では陸士出身者と綜合学校出身者とのあいだには見えない軋轢があった。陸士出身者のプライド、綜合学校出身者の戦闘経験による自負心、それらが一二・一二事件でぶつかりあうこととなった。

一二・一二事件の当日、全斗煥は張泰玩と陸軍憲兵監の金晋基《キム・ジンギ》准将（綜合学校の後身、幹部候補生三期）ら非陸士出身者たちと新村《シンチヨン》のとある料亭で夕食の約束をしていた。ところがこの約束は、初めから鄭昇和総長連行の陰謀を隠し、非陸士出身で要職にある人たちをはぐらかすために仕組まれていた。用意周到な全斗煥は、事前に張泰玩らに「大統領に報告することがあり、少し遅くなるので食事をはじめていてくれ」と伝えていた。しかし、食事が終わる頃になっても全斗煥一行はあらわれなかった。そこに漢南洞の総長官舎での「銃撃戦」の急報が張泰玩首都警備司令官に届いた。

酔いがさめないまま張泰玩少将は、ソウル南山の北麓に位置する首都警備司令部（以下、「首警司」）に車を走らせた。彼はまず電話で「戦車部隊を動員しろ」と怒鳴った。午後八時頃だった。ほぼ同じ時刻、陸軍本部の当直司令は首警司状況室（戦闘指揮所）に、「憲兵隊は機動打撃部隊を編組して総長官舎に出動、総長拉致犯人を一網打尽にせよ」との緊急命令を発した。しかし、みなあとの祭りだった。

戦車中隊一個だけが、総理官邸のある景福宮《キヨンボククン》(25)の東側通路までたどり着いた。ところが景福宮は、首警司の所轄ではあるが、全斗煥の子飼いである警備第三〇団団長の張世東《チャン・セドン》大領が指揮する部隊が占領している状況であった。首警司司令官の張泰玩少将や全軍に非常待機命令を下達した参謀次長の尹誠敏《ユン・ソンミン》中将らは、もう八方塞がりの状態におちいった。

その時、全斗煥少将は総理公邸で崔圭夏大統領代行と押し問答をしていた。全将軍は崔大統領代行に、参謀総長が金載圭と共犯の疑いがあるから、逮捕の裁可を仰いでいた。しかし、崔大統領代行は「国防部長官の意見を聞きたいから呼んでくれ」と言い張って譲らなかった。全斗煥としては、国防部長官の盧載鉉《ノ・ジェヒョン》と鄭昇和総長とは同じグループと見ていた。それに、時間もない。「早く裁可してくれ」と粘りに粘った。

総理公邸の周辺には、戦車と装甲車に支援された歩兵部隊が包囲していた。全斗煥を頂点とする新軍部は、武力を行使してでも目的を貫徹するつもりだったのである。しかし、双方とも身構えているうちに、全斗煥側の勝利に傾いていった。混乱状態に陥った陸軍本部は、尹誠敏次長の指揮の下、首警司に移り、空輸旅団にも出動命令を下達して全斗煥側の鎮圧を図ったが、どうしたことか部隊は動かなかった。これは前述した「ハナへ」の組織的な工作の結果であった。

こうして大勢は全斗煥側に有利となる。午後十一時頃、陸軍本部側を代表する尹誠敏参謀次長と景福宮を制圧していた新軍部との妥協が成立した。流血の事態にでもなれば、結局、北朝鮮軍の侵攻を招くことにもなりかねないと、双方は妥協したといえよう。

陸軍本部から出動命令を受けた特戦団（空輸旅団を統轄する特殊作戦団）司令官の鄭《チョン・》柄宙《ビョンジュ》少将は、すでに全斗煥側に取り込まれていた部下に銃撃されて負傷した。この特戦団を中心とする全斗煥側は、銃撃戦を演じて龍山の陸軍本部と国防部を占領した。逃げまどった盧載鉉長官は、国防部庁舎の地下一階の密室に隠れた。十二月十三日午前一時頃のことである。続いて午前三時頃、首警司隷下の憲兵が首警司を急襲し、張泰玩司令官ら十数人の将軍らを武装解除して逮捕した。全斗煥時代のはじまりであった。

正体不明な「市民軍」による銃撃戦（五・一八光州事態）

一九八〇年五月に光州で起きた事件は、韓国では「五・一八民主化闘争」と呼ばれているが、そう呼んでよいものかどうかいまだに議論の余地がある。事実関係だけをもとに事件を再構成すると、概略、次のようになる。

前述したように一九七九年十二月、全斗煥を頂点とする「新軍部」が実質的に権力を握ったが、それをすぐには行使しなかった。それから、つまり一九八〇年一月から三月頃まで韓国の政治は、民主化が達成されたかのような百花斉放といった雰囲気であった。いわゆる「ソウルの春」といわれた時期で、金大中、金泳三、金鍾泌《キム・ジョンピル》の「三金時代」ともいわれた。民主化要求の学生デモもたけなわであった。政治は無秩序、社会は混乱の極に達した。学生デモは漸次、暴力化した。そのピークが一九八〇年五月十七日で、荒れ狂った学生デモ隊がソウル駅から南大門の街路を埋めた。何人かの学生は民間バスを奪取し、警備にあたっていた機動警察隊員を轢き殺した。まったく統制不能な事態に立ちいたった。

このような事態に前後して、金大中氏が逮捕された。逮捕容疑は、内乱陰謀及び煽動である。彼が内乱陰謀嫌疑を受けたのは、五・一八光州事件がはじまる一週間前にさかのぼる。一九八〇年五月十一日、金大中氏は全羅北道井邑《チョンウプ》で行なわれた「東学祭」に参加して、「東学党の武装蜂起は民主主義革命だ」と演説した。これはまったく牽強付会で荒唐無稽の論理だ。なぜかというと、東学は西洋の民主主義文化に対抗するためのイデオロギーなのに、それがどうして西洋の民主主義革命になるのかである。

論理的な疑問はともかく、金大中氏は井邑で東学農民蜂起の再現を煽る演説をした日の夜、上京して十二日の早朝、ソウル平倉洞《ピョンチャンドン》にある北岳パークホテルに革命同志を招集し、光州での東学乱再現のための戦略会議を開いた。この会議には、全国大学総学生会を遠隔操縦している民主青年協議会幹部をはじめ、李文永《イ・ムンヨン》（高麗大学教授、金大中の側近、理論分子）、韓勝憲《ハン・スンホン》（弁護士、金大中政権下でナンバー3の座である監査院長）、文益煥《ムン・イクファン》（牧師、金大中の側近、金日成の朋友）ら反体制派の主要人物が出席していた。(26)

この会議の三日後、ソウル市内の各大学で学生会主導の学内デモが一斉にキャンパスを出発し、市内で大規模なデモを行なった。その二日後の五月十七日、すでに設置されていた戒厳軍当局は、ソウルの梨花《イファ》女子大学に集まっていた各大学の活動家幹部を一網打尽にする。(27)金大中氏はその首謀者として逮捕された。

全羅南道の光州での最初のデモは一九八〇年五月十八日午前九時頃、光州市内にある全南大学生二〇〇人が大学正門で警戒態勢にあった戒厳軍に対して、図書館の出入りをなぜ禁止するのかと抗議することではじまった。戒厳軍の指揮官は、布告令に従って学内活動を禁止すると応じた。学生たちはあらかじめカバンやポケットに準備していたと思われる小石を戒厳軍目がけて投げつけた。この投石によって顔から血を流す将校の姿も見られた。それでも隠忍自重、戒厳軍はなんら反応を見せなかった。

ところが、学生たちは理由なきまま激高しだした。一一時頃に学生たちはキャンパスを出てすぐに市民と合流し、怒号しながらデモは拡大していった。そのスローガンは、「金大中先生を釈放しろ」「殺人魔全斗煥を殺せ」といったものだった。流言飛語も飛び交った。「軍人が女子学生を裸にして乳房を銃剣で刺している」「慶尚道の軍人には、全羅道の道民を皆殺しにせよとの命令が出された」と途方もないデマが市中に広まった。なんら根拠のないデマでも、学生らを激高させるに十分だった。

そんななか、市内の派出所、放送局や官公署はどこも火炎瓶が投げつけられた。そして正体不明な「市民軍」を名乗る武装集団が突然あらわれ、移動中の第二〇師団を奇襲、トラック一四両を奪い、さらには軍の補給所や郷土予備軍の武器庫などを襲撃して各種車両二〇〇両、装甲車二両、武器弾薬を奪い、ところかまわず無差別に射撃しだした。これが激高した学生らの暴挙なのか、それともなにかを狙って訓練された集団の行動だったのかは定かではない。

　五月二十六日から二十七日まで続いた銃撃戦を伴う暴動によって民間人一六二人、軍人二三人、警察官四人など一八九人の犠牲者を出した。戒厳軍当局は、民間人の死亡者一六二人を検死して死因を糾明した結果、郷土予備軍の武器庫に保管されていた口径七・六二ミリのM1ライフルとM2カービンによる銃創が一一七人、打撲傷が一八人、手榴弾による破片創が一二人、刺傷が一一人、火傷が四人と判明した。[28] 結局、口径五・五六ミリのM16ライフルだけで武装していた戒厳軍によって射殺された犠牲者は、皆無ということになり、正体不明の市民軍による無差別射撃による犠牲者が大部分という調査結果となった。

　ところが同一の事件でも、韓国では政治権力のいかんによって、その名称すらも変わる。一九八〇年代まで「光州事態」と呼ばれてきたことが、一九九二年に民主化闘士とされた金泳三氏が大統領になると「光州民主化闘争」となった。しかも裁判で死刑判決を受けた金大中氏をはじめ暴徒と化した者も、再審要求によって同じ大韓民国の司法府は、彼らを「民主化闘士」として、あろうことか「国家有功者」との名誉まで授け、それには巨額な報償もともなった。過去にまったく判例もないなかで、あらゆる法解釈が革命的にひっくり返ったのである。

　光州には、民間人犠牲者のための望月洞《マンウォルドン》共同墓地があり、国立墓地とされて毎年、紀念式典が行なわれている。式典には政府首脳も参列し、金日成を称えるため作家の黄晳英《ファン・ソクヨン》が作詞した「ニムルウイハン（いとしの君のための）行進曲」を歌うよう強要されている。いかにも滑稽きわまりないことであるが、誰もあえて反対の声をあげない。これだけを見ても韓国は、言論の自由も本当の民主主義も許されておらず、ある種の一部民衆によるデモ万能の独裁国家ともいえる。

光州には現在、金大中コンベンションと名付けられた巨大な建物があるが、それだけでは満足しない金大中氏の追従者や一部与党の国会議員まで関与して、数兆ウォン規模の紀念館を建設するための特例法を通過させている。韓国は今、一時は国家に反逆した人物による赤色革命が進行中なのである。

実態なき狂牛病騒動に見る民族性

二〇〇七年の第一七回大統領選挙において選出されたのが李明博氏だった。彼は運動圏（積極的な学生運動）の学生で、韓日会談反対デモの六・三事態で先頭に立ち、一九六四年に逮捕されてもいた。そのような経歴はさておき、大財閥「現代」の有能なCEOだったことから大差をもって大統領に選出された。イデオロギー色が薄く、経済に明るい彼ならば、韓国を経済大国に導いてくれると期待されていた。ところが大統領に就任して早々の二〇〇八年六月、根拠も実態もなく単なる流言飛語から生まれた狂牛病騒動に遭遇した。

事のはじまりは、李明博政権発足まもない二〇〇八年四月十八日、政府が韓米牛肉輸入交渉の結果を発表したことであった。これは、二〇〇三年十二月に中断された米国産牛肉の輸入が再開されるという内容であった。どうして輸入が中断されたのかだが、その頃に米国ワシントン州で狂牛病の疑いがある事例が発見されたことによる。輸入再開については、徹底的な検疫の実施ではなく、飼育三〇カ月未満の牛で、骨を除いた肉だけを輸入することにした。

これに対して文化放送（ＭＢＣ）は、「米国産牛肉、はたして安全なのか」とのタイトルで四月二十九日から政府非難のキャンペーンを開始した。そのＴＶ画面には、米国産牛肉とはまったく関係のない国での、座って立ち上がれない狂牛病の疑いのある牛の映像が何回も、何回も繰り返し流された。

これで多くの人は、狂牛病になった牛の牛肉の輸入を政府が認めていると錯覚したのである。そこにはなんの根拠もなく、実態を探ろうという意識もなかった。そしてＭＢＣが放送した翌日、早くも市民による反政府デモがはじまった。五月二日には、数十万人の市民がソウル市内でキャンドル集会を開いた。まったく根拠のない激高の発露というほかはない事態だった。

大学在学中、運動圏にあって数多くのデモに参加したり、主導したことのある李明博大統領は、光化門《クワンファムン》の大規模なキャンドル・デモが眺望できる青瓦台のうしろの山に登り、キャンドルの光の波を眺めながら、大学運動圏の愛唱歌だった「アチムイスル（朝の露）」を口ずさんだと記者会見で語った。新聞はこれを大きく報じた。李大統領としては、単なる思い出にふける郷愁だったのか、それともデモをする群衆と同じ気持ちだと伝えて民心を和らげようとしたのだろうか。

しかし、李明博大統領のこの行動が裏目に出て、火に油を注いでしまった。デモは日毎に激化し、ついには暴動化した。機動警察隊のバスを焼き打ちし、あわてて逃げまどう機動警察官を捕まえ、集団で殴打することなど日常茶飯事となった。これが狂牛病騒動の実像であった。ところで事態の結末だが、泰山鳴動すれど鼠一匹もあらわれなかった。MBCの狂牛病疑惑報道は、その疑いの根拠がまったくない誤報であった。人々はこの誤報によって踊らされ、激高したということになる。

もちろん、この騒動の背後には組織があった。なにか騒動の種があるたびに姿をあらわす民労総（全国民主労働組合総連盟）や在野市民団体がそれである。なお民労総については、六章でその実態について迫ってみたい。二〇〇八年五月八日には、驚くなかれ一七〇〇の市民社会団体が集い、民労総が主導して「狂牛病国民対策会議」なるものが結成され、キャンドル・デモとなった。ありもしない「狂牛病」を掲げた正体不明の市民団体が反政府デモを焚き付けたのである。

その後、米国産牛肉は全国どこのスーパーにもあふれているが、それを食べて死んだとか病気になった事例は皆無だった。狂牛病なるものは、どこにもなかったのだ。あとになってMBCは弁明を兼ねた謝罪をした。しかし、MBCや新聞の誤報に踊らされた民衆の誰一人、法に訴えることをしなかった。これが韓国の大規模示威の典型的な実態といわざるをえない。そしてその真因はなにかと問われれば、激高しやすいという韓国の民族性だと答えるほかないし、煽動する勢力の存在が問題なのである。

まったく政治的な問題が関係していなかった狂牛病騒動を見るにつけ、韓国ほどデモが頻発する国、それも国全体を揺るがすほどの大規模なデモがよく起こる国はほかに知らない。これにもはっきりした特徴があり、大規模なデモは保守的かつ反共的な政権のときに限ってよく起こる。左翼政権のときには、国を揺るがすレベルのデモは、ただ一例を除いて起こったことがない。

一九六〇年の四・一九学生デモは、李承晩政権の末期に起こった。李承晩政権崩壊のあとは、学生、市民団体、左翼労働者、はなはだしくは警察官にいたるまで、さまざまなデモが日常化していた。議院内閣制の下の張勉政権は、デモ騒動を抑え切れず、朴正煕少将ら軍人の決起を招いた。一九八〇年の五・一八光州事態は、保守・反共を旗印にした軍人政権が誕生したときに突発した。一九八七年の六・一〇抗争は、全斗煥政権の終末期に起きている。そしてなにが理由かはっきりしない米国産牛肉輸入反対デモも、保守の李明博政権が発足した直後の出来事であった。

左翼政権下では、大規模なデモは見られなかったが、ただ一つ例外があった。まだ金大中政権時の二〇〇二年六月、米軍装甲車が交通事故を起こして二人の女子中学生が轢死したことを端に発する大規模なデモだ。このデモのピークが十二月だったことからもわかるように、大統領選挙がからんだ出来事であった。この反米デモは、政権や北朝鮮が煽ったふしがあるが、誰も追及しなかった。

韓国人は皆で集まって連帯感を実感することを好むとも思えようが、数十万人の示威行為となると、資金力と組織力がなければ形になるはずがない。そう考えれば、このデモの背後には潤沢な資金を抱える強力な組織があることになり、それに北朝鮮が影響力を及ぼし、場合によっては指令があると考えるほかない。

四章　「乱」が変えてきた歴史

韓国での「乱」の特徴

日本で市販されている一般的な世界史年表でも、朝鮮での「乱」はかなり多く取り上げられている。もちろんそれには外患の「乱」、そして王族の内紛や豪族の勢力争いもあるが、農民や奴婢の反乱も多く記録されている。新羅時代の後半には農民の蜂起が頻発し、それが新羅滅亡の一因ともなっている。

高麗に入ってからも騒乱は収まらず、一一七五年に南部一帯で起きた草賊の乱は大規模なものとして知られている。朝鮮王朝に入ってからは、共に咸鏡道で起きた一四五三年の李澄玉《イ・ドンオク》の乱と一四六七年の李施愛《イ・シエ》の乱が有名だ。さらには一五八九年に全羅道で起きた鄭汝立《チョン・ヨリプ》の乱も大規模なものだった。一八一二年に平安道での洪景来《ホン・キョンネ》の乱も鎮圧に手間取った騒乱だった。乱が起きた地域は、叛逆郷の烙印が押され、そこの出身者には官途の道が閉ざされるということもあり、これが不満の種となり、また乱が起きるということにもなった。

韓国でいうところの「乱」は、ほかの国の騒乱などとは本質的に異なるように思う。もちろん、日本で頻繁に起きた百姓一揆や「打ちこわし」も「乱」といえるかもしれない。しかし、その多くの場合、蜂起とか騒動に止まっている。大規模な一揆もあったにしろ、政権とか国家を覆すほどの事態には発展していない。ところが韓国での乱は、政権打倒、国家転覆にすぐにつながる。韓国での多くの乱は、その性格と規模からして、まさに国を滅亡させるほどのエネルギーを発揮したものだった。

世界でもあまり類例を見ない韓国の「乱」が起きる要因はと問われれば、二つが挙げられよう。まず第一に、中央集権政治による役人の横暴とか苛斂誅求《かれんちゅうきゅう》に対する強い反発である。第二に、民衆の権力に対する恒常的な反抗心である。

日本でも年貢が高いなど不満を抱えた民衆が一揆に走るということはあっても、それはあくまで不満であって、権力に対する憎悪とか敵対感につながるものではない。ところが韓国での「乱」は、それに参加する民衆の心に不満だけではなく、憤怒と憎悪がつのり、それらは強者すなわち権力に対する激しい敵対感と闘争心を煽ることになる。

東学党の乱から四・一九学生義挙、五・一八光州事態などは、韓国では「革命」あるいは「民主化闘争」などとされているが、私見としてそれに同意しない。それらはあくまでも「乱」であり、民衆の憤怒、憎悪、敵対意識、闘争を煽る勢力によって増幅され、政権打倒や国の滅亡につながってきたとするのが正しい歴史観であると考えている。

二〇一六年十月から一七年五月の大統領選挙にいたるまでの韓国における一連の事態を私はあえて「乱」と呼ぶ。その理由は、韓国人特有な激高しやすい性格と、それを組織的に煽る政治勢力、例えば朝鮮労働党に操られている従北勢力が相互密接に連携している結果だったと考えるべきである。

亡国を導いた東学党の乱

さて、近代にいたって最初の「乱」は、東学党の乱（東学乱）といえよう。一九世紀末、崔済愚《チエ・ジエウ》という儒学者が西学（天主教など）に対抗するため、儒教、仏教、道学の教義を混ぜ合わせた東学を唱え、「救世済民」のスローガンを掲げた。東学は燎原の火のように広まった。虐政と貧困にあえぐ農民や、知識階層の一部もこの東学運動に参加した。朝鮮王朝は崔済愚を首魁と見なし、一八六四年に逮捕、死刑に処した。

ところが東学の火の種は、崔済愚処刑三〇年後の一八九四年に再燃した。今度は全琫準《チヨン・ボンジユン》という武装した指導者があらわれた。彼の率いる「軍隊」は全羅道古阜《コブ》から北進をはじめ、たちまち扶安《プアン》、高敞《コチヤン》、全州《チヨンジユ》など道内の主要都市を占拠して、首都ソウル目がけて進撃する勢いを見せた。全琫準率いる「軍隊」は一万人を超えた。

あわてた政府は、宗主国の清国に援軍派遣を要請した。ところが、事件に先立つ一八八二

（明治十五）年に起きた壬午軍乱[29]の終結にともない、八五年四月に清国と日本は天津条約を結んだ。それによると、朝鮮に駐留していた両国軍隊の撤収を約束し、再出兵の必要があれば、あらかじめ相手方に通告するよう確約していた。ところが清国は、韓政府の要請に応じて一方的に再出兵した。

　当時、日本の外務大臣であった陸奥宗光は、その著作『蹇蹇録《けんけんろく》』の冒頭にこう記している。

「……東学党の勢い、日に月に強大となり朝鮮の官軍は至る所に敗走し、乱民終に全羅道の首府（全州）を陥れたりとの報、我が国に達するや（中略）物議のために騒然、あるいは朝鮮政府の力、到底これを鎮圧する能わざるべければ、我は隣邦の誼《よしみ》を以て兵を派しこれを平定すべしと論じ、あるいは東学党は韓廷暴政の下に苦しむ人民を塗炭の中より救い出さんとする真実の改革党なれば、よろしくこれを助けて弊政改革の目的を達せしむべしといい、特に平素政府に反対せる政党者流はこの機に乗じて当局者を困蹙《こんしゆく》せしむるを以て臨機の政略を考えたるにや、頻りに輿論を煽動して戦争的気勢を張らんことを勉めたるものの如し[30]」

　長い引用をしたのは一八九五年の朝鮮での「乱」とそれに対する日本人の考えが、一二〇年もの長い歳月がすぎた今日の韓国での「乱」と、それに対する日本人の考えが酷似しているからである。韓国の首都ソウルの中心部、光化門の大通りで週末ごとに朴大統領糾弾の大規模なデモが繰り広げられていた二〇一六年十一月十四日付インターネット産経ニュースに軍事問題専門家の野口裕之氏が次のような投稿をしている。

「……激高しやすい民族性が災いし、一般の韓国国民は冷静になれず、真に『国政介入』を狙う勢力を見誤っている。敵味方の識別ができず、国家の舵取りを間違える歴史の繰り返しで、日本の国難は毎度、朝鮮半島より襲来する」(31)

このような認識が昔も今も、日本人の頭のなかに働いているのではないか。とにかく、韓国は「乱」が多い国だ。「乱」の都度、日本人は神経を尖らせる。一世紀前の東学党の乱も、今日の朴槿恵大統領の弾劾と下野要求の乱も、日本と日本人に大きな影響を与えているのはまぎれもない事実である。

東学党の乱の時は、朝鮮に対する既得権に固執する清国と、いわゆる利益線を守ろうとする日本とが軍事的に衝突して日本が勝利を収めた。しかし、今日の韓国の乱は、日中間の紛争まではいたらないにしても、乱の延長線上でもしも北朝鮮の影響力や支配権が朝鮮半島の全体に及ぶことにでもなれば、日本とてただ座視しているだけではいられまい。

朝鮮戦争下で起きた「政治波動」

韓国の現代政治史を語るうえで避けて通れない事件がいくつかある。その最初は、一九五二年五月四日に起きた「五・四釜山政治波動」である。この事件は大統領が議会に対して仕掛けたある種のクーデター（逆クーデター）であったから、これも「乱」でくくれる出来事だった。

一九五一年七月から始まった休戦会談は難航し、前線では激烈な高地の争奪戦が繰り返されていたが、そのような中で韓国政府が避難していた釜山で激しい政争が起こったのである。事のはじまりは、李承晩が第二期大統領になるため立候補しようとしたが、当時の国会議員による間接選挙制ではまったく勝算がなかったことに政争の原因があった。

李承晩には依然として国民的な支持はあるものの、政界では反対派が多かった。進歩的な無所属議員はいうまでもないが、最初は李承晩を支持した韓国民主党（韓民党）でさえ李承晩の大統領再選には反対の立場だった。

野党の本当の狙いは改憲にあった。その改憲の目的は、議院内閣制に変えることであった。実は議院内閣制は、憲法制定の時から熱い争点であった。そこで折衷案として、大統領制のもとながら内閣に総理という職位を置くことにしたのだが、これを議院内閣制にしようとするのが野党の狙いだった。同じ改憲案でも李承晩と彼の追従者たちの構想は、李承晩の再選の障害になっている現行の折衷制を完全な大統領中心制にし、国会を通す間接制のものではなく、有権者が直接、大統領を選出する方式を求めるものであった。

与野党の対立というよりも、李承晩個人と反李承晩派の衝突がこの「釜山政治波動」だった。韓国現代政治史に詳しい朴錫興《パク・ソクフン》氏によると、次のように解説している。

「五・四釜山政治波動とは、単なる権力争いではなく、米国の影響圏内に入った韓国の議会と、独自路線を歩む韓国政府との力くらべであり、ひいては朝鮮戦争を休戦に導き、再び分断線を

設定しようとする米国と、北進統一に徹しようとする李承晩との争いであった」(32)

李承晩は、この政治事件で三つの敵をはねつけて勝利を得たと分析するジャーナリストもいる。朝鮮日報編集局長をへてインターネット新聞ニュー・デイリー会長の印輔吉《イン・ボキル》氏は次のように述べている。

「……朝鮮戦争の最中、釜山の避難首都で起こった最初の『大統領直選制』改憲波動と名付けられた政治事件があった。この事件は、『李承晩独裁』を非難するときなじみの合言葉である……しかし、釜山政治の波動は李承晩が勝ちえた大統領直選制（それまでは国会での間選制であった）憲法であり、韓国最初の民主化革命でもある」(33)

このような評価は当時、李承晩は米国の支援を受ける韓国民主党の張勉一派が主張する護憲すなわち議院内閣制に立ち向かい、勝利を収めたからである。米国は二年続いた戦争に疲労困憊したあげく、休戦に向けて動いていたが、李承晩はこれに決死反対の立場であった。米国当局は軍を動員し、李承晩を除去して張勉をその地位にすえようとした。

その気配をさとった李承晩は、一九五二年五月二十五日夜に慶尚南道と全羅北道一帯に非常戒厳令を宣布、米国のあと押しを受ける野党国会議員らを登院するバスごとレッカー車で吊り上げ、そのまま引っ張って憲兵隊に連行した。見方によっては、なんとも乱暴なやり方だといえようが、李承晩の立場から見れば、自分自身と国家存廃の問題でもあり、「乱」もあえて辞さない覚悟だった。

これに先立つ韓国の政情だが、反李承晩勢力だった韓国民主党党首の金性洙《キム・ソンス》や張勉らが国会を支配していた。金性洙は全羅道の大地主で不動産から得た財貨を産業資本に転化し、京城紡績などの企業を創業、東亜日報を創刊したり、普成専門学校（今日の高麗大学）を設立するなど名望ある韓国随一の金満家であった。

一九四八年八月の建国当時、金性洙は韓国民主党出身の七人を入閣させるよう李承晩に要求した。ところが李承晩は、これを受け入れなかった。李承晩は地主中心の韓国民主党よりは、三八度線以北の民衆を代表する人物を総理候補にしたり、共産党出身の曺奉岩《チョ・ボンアム》を農林部長官にすえたりした。これが金性洙ら韓国民主党の反発をかい、ついには米国による李承晩除去の代打として利用されることにもなった。

当時、駐韓米大使のジョン・ムチオは、病気で釜山港に停泊中の米軍病院船に入院していた金性洙を訪れ、「米国は李承晩に反対する韓国国会を支持する。言論と世論は李承晩を非難しているのに、肝心要の反対勢力がなにもしないで腰を上げないと、どうやって支援するのか」と反対運動を促したという(34)。

結局、李承晩は自分の意思通りに事を運んだ。そういう李承晩に対して当時の国連軍司令官であったマーク・クラーク大将は、回顧録（*From the Danube to the Yalu*）で次のように述べている。

「李大統領は強靭なる反共闘争だけではなく、たまには米国に対してもためらわずに主張し、決して卑屈な態度を見せなかった。

彼は自身の主張が正しいと思えば最後まで貫徹する。その過程でいかなる脅威や難関も恐れない彼のリーダーシップは崇仰にあたいすると思う。彼は、共産主義者が主張する傀儡では決してなかった……李大統領は、正誤はともかく朝鮮戦争を自分の意志に適うよう全力をもって具体化させた。彼は友邦の圧力や威嚇にも決して屈しなかった……。

李承晩大統領は休戦に反対しただけでなく、韓国の利益、ひいては全自由世界の利益のためにも共産主義者たちを韓国で敗走させなければいけないと宣言したが、これは中腰の米国の態度より正当だと歴史は証明するだろうと私は信ずるものである」

釜山政治波動で李承晩は、大統領再選の道を開いた直選制改憲をなしとげることによって、政治的に勝利した。彼の勝利は政治的勝利にとどまるのではなく、野党と米国、そして共産主義者を見事に退けた三重の勝利であったといえよう。

憲法にも記載されている四・一九学生デモ

大韓民国の憲法前文には、「……四・一九民主理念を継承し……」とのくだりがある。四・一九とは一九六〇年四月十九日、李承晩大統領の四選のため政府が不正選挙を行なったことに激憤した学生デモ隊が大統領官邸にまで押しかけて、李大統領をして下野を余儀なくさせてしまった事件をさす。韓国では「東学革命」に次ぐ「四・一九革命」とも呼ばれている。しかし、私は個人的にこれも一種の「乱」であって、革命とまでは評価すべきではないと考えている。

なぜならば、革命というものは政治制度を本質的に変革させるとか、王政が共和制に変わるとかでなければ、その言葉本来の意味にならないからである。四・一九学生デモは、権力者をその席から引きずり下ろしたけれども、根本的な政治理念や制度を変えたわけではない。革命といえば、王政を共和制に変えた一七八九年のフランス革命を抜きにしては語れない。しかし、フランスの憲法前文には、革命に関して一言も謳われていない。その代わりに自由、平等、博愛が強調されている。

韓国の憲法前文をもう少し見てみよう。ちなみに、現行憲法は一九八七年のいわゆる「民主化宣言」(35)による第九回目の改正憲法である。

「悠久なる歴史と伝統に輝く我等大韓国民は三・一運動によって建立された大韓民国臨時政府の法統と、不義に抗拒する四・一九民主理念(36)を継承し祖国の民主改革と平和的統一の使命に立脚、正義・人道と同胞愛を以て民族の団結を鞏固にし、あらゆる社会的弊習と不義を打破……」

いかにもくどくどしい拙文が延々と続く。どこの国の憲法前文にも見られない三・一とか四・一九とかの日時の数字が羅列されているのもさることながら、「不義」という字句が多く見られる。民主国家の憲法には、おおむね自由とか平和、または民主という字句が見られるものである。それに対して我が韓国の憲法は、「悠久なる歴史」とか、「三・一運動」「四・一九民主理念の継承」など、普遍的な客観性を欠いた自国民だけに通じる偏狭で主観的な表現ばかりが目立つ。

もちろん、一九一九年三月一日に自然発生的に全国に広がった抗日独立の三・一運動（万歳運動）は、誇るに足る我が国民の平和的な意志表現の示威であった。かといって、憲法前文に示威の継承を謳ってしかるべきだろうか。あるいは、不正選挙に抗議する学生たちの示威行為を「民主理念」と名付けてよいものだろうか。さまざまな疑問を持たざるをえない。

三・一とか四・一九とかを憲法前文に入れるよりは、私は個人的に一九四八年八月十五日を期して大韓民国の独立を全世界に宣言した基礎たる「自由民主主義建国理念」を高らかに謳うべきではないかと思う。

しかし、韓国という国には、一九一〇年から一九四五年までの独立運動時期の全般を通じて、理念上の分裂があった。ことに一九一七年に起きたロシアのボルシェビキ革命の影響をまともに受けた一部の独立運動家のあいだでは、英米式の民主主義は帝国主義の別称であり、真の民主主義は社会主義革命を成し遂げたソ連にありとの認識がある。

したがって、憲法前文に登場する大韓民国臨時政府（臨政）は、左右を統合した政府だとの認識がある。ところが、臨政は世界のどの国にも承認されていない。上海から重慶まで臨政と一緒に行動した中華民国さえも、これを公式には認めていない。その理由は二つある。その一つは、臨政は分裂しているとの認識が米国をはじめとする連合国のあいだに広まっていたからである。しかも、上海の臨政以外にもソ連のハバロフスク、また満州にもいくつか臨政を名乗る亡命団体があったという。つまり、臨政の正統性に問題があったのである。

もう一つの理由は、臨政は国民、国土、主権のいずれも、あるいは一部でさえも持ったことがない。第二次世界大戦中、ロンドンにあったポーランドやフランスの亡命政府は、対独戦に参加したし、フランスの場合は国あげてのレジスタンス運動があった。臨政はそういった亡命政府としての要件が満たされていなかったといえよう。

大韓民国憲法の前文は、過去にこだわりすぎている。第一次世界大戦の前から独立運動をしたとか、不義に抗議したことなど現在そして未来の世代にとって、あまり関心が持てない歴史だ。我ら子孫のために追求すべき価値が見当たらないのである。建国の理念がなにかも知らないで、三・一とか四・一九など、それがいかに尊重すべきものであれ、率直にいって示威であり、それを継承すると憲法前文で謳っているから、韓国ではデモが頻繁に起こるのではないかとの疑問を呈するむきもある。

この目で見た五・一六軍事革命

一九六〇年四月、私はソウル北東部の典農洞《チョンノンドン》というところに住んでおり、陸軍本部に勤務する陸軍大尉であった。ソウルの南部、龍山区にあった陸軍本部まで五キロメートルを毎朝夕、軍の専用バスで通っていた。途中の漢南洞にボティ峠というやや坂道の左手に小高い丘陵があった。春夏秋冬、緑いっぱいの常緑樹が繁る気持ちよい眺めであった。

この年の四月十九日には「不正選挙をやり直せ」のスローガンを掲げた学生デモ、二十六日には李承晩大統領の退陣。そのあと全国各地では統制不能のデモが繰り広げられた。賃上げデモ、勤労時間短縮要求デモ、「来れ南に、行こう北に」との学生たちの統一デモ、学園自由化デモから警察官のデモ、はなはだしくは「デモをやめろデモ」にいたるまで、まるでデモ万能の国というありさまだった。四・一九学生デモで警察の銃撃によって負傷した人々が国会に乱入したこともあった。

全国いたるところ、行政は行き届かないし、小さなグループから大規模な労働組合にいたるまで、さまざまな権利主張や要求があっても、誰もが義務をはたそうとはしなかった。そんな状況のなか、五月初旬のある朝、いつものように漢南洞のボティ峠を通ると、私は目を疑った。丘陵いっぱいの緑がなくなっていたのだ。誰かが、あるいはあるグループが丘陵の茂った樹木をきれいに切り取ってしまったのである。緑の茂る丘陵が一晩ではげ山に変わってしまったのだ。「これはもう国でも、団体でさえもない」との怨嗟の声が車内にみなぎった。しかし、誰にも解決策はない。

そんななか、学生デモのおかげで誕生した、いわゆる第二共和国、議院内閣制の張勉政権はなす術を知らないまま漂流していた。それに加えて、張勉の民主党は新派、旧派に分かれて激しい政争に明け暮れていた。人々は、「これでは国が滅びる」「自由民主主義は無理だ」……一歩進んで知識人のあいだでは、「ヒトラーを出現させたワイマール共和国そっくりだ」との声も聞かれた。

そんな雰囲気のある日の朝、私は出勤のため制服を着て、いつものバス停留所に向かった。常連の大尉から中領（中佐）まで将校七～八人が並んでざわめいていた。いつもとは違った空気だった。誰かが大声を出した。

「軍が立ち上がったそうだ」

「いや、革命だ。参謀総長の張都暎《チャン・ドヨン》将軍が革命委員会の委員長だそうだ」

テレビは皆無の時代、ラジオさえも贅沢品であった。一九六一年五月十六日の朝七時、ラジオのニュースを聞いた人は二～三人にすぎなかった。そのなかの一人が生々しいニュースを伝えたのである。

誰かが怒鳴った。「徴発するんだ……我々軍人が権力の中心になったんだ。合乗りタクシーを捕まえろ！」。当時、ソウル市内の交通手段として、バスと路面電車、それに七～八人が乗れる合乗りタクシーがあった。誰かが合乗りタクシーを止めた。軍の通勤バスはもちろんこなかった。皆は通勤バス代わりに民間の合乗りタクシーに乗った。

そして平素よりやや遅れた時間に、龍山区三角地にある陸軍本部（今の戦争紀念館）にたどり着いた。ところがなかに入れない。階級のいかんにかかわらず、銃剣付小銃で武装した「革命軍」兵卒にいちいち身分証明書を差し出し、厳しいチェックを受け、ようやく入れてくれた。陸軍本部の練兵場はものものしかった。砲兵一個中隊（一〇五ミリ榴弾砲六門）をはじめ、完全武装の将兵が練兵場を埋めていた。「革命軍」の腕章を腕に巻いた将兵たちは、あわただしく動いていた。

あの時、私は陸軍本部作戦参謀副長（略称G3、宋錫夏《ソン・ソクハ》少将）麾下の教育委員会（委員長は張炯淳《チャン・キョンスン》准将。革命軍の一人でのちに農林部長官、国会議員、国会副議長）の末端メンバーであった。宋将軍の前任者が朴正熙少将で、五・一六クーデターの数カ月前に大邱の第二軍副司令官に転じていた。このような関係にあったものの、陸軍本部では軍が決起するなどという雰囲気もなければ、噂にも上らなかった。

私の事務室はG3の隣だった。参謀総長の執務室は同じ二階で、歩いて一〇〇歩ほどだった。「革命軍」の腕章の一〇人が総長室に入った。私も彼らのあとについて行った。総長室には「革命軍」の一〇人、補佐官や副官、そして私のような部内の野次馬までが入りまじってひしめきあっていた。

「総長閣下、どういたしますか？」

「……」、張都暎参謀総長は暫時黙々、不答。

「我々の旗揚げに共に参加なさいますか？」

こうただす人々の腰には拳銃がさげられている。参謀総長を取り巻いている「革命軍」の将校一〇人のものものしい姿は威圧的であった。張総長の腰にも拳銃が光っていた。ひょっとすると西部劇じみた銃撃戦が繰り広げられるかもしれない雰囲気であった。張総長はしばらく考えてから、重そうに腰を上げた。

「行こう」

「どこに行かれるのですか?」

「国連軍司令官に会いに行く」

「駄目です!」

「俺は国連軍司令官と協調しなければならない……そこをどいてくれ」

「いけません。これは革命です。国連軍司令官は外国人です。どうでもいいじゃないですか」

しばらくのあいだ押し問答があってから、張総長は仕方なさそうに席に戻った。そしていった。

「君たちにまかす」

その瞬間、「ワーッ」という勝鬨の歓声が上がった。

これで張都暎参謀総長は名実共に「革命委員会委員長」になった。革命軍が漢江の南の永登《ヨンドン》浦《ポ》と金浦《キンポ》方面からソウルに進入した暁の午前四時頃、革命軍の総司令官は朴正煕少将であった。しかし、朴将軍は意図的に影武者を演じた。張将軍は当初、一方的に革命委員会委員長とされ、挙事が成功した五月十六日の午前十時頃、なかば強制的に追認させられたのである。

朴正熙少将は陸軍士官学校の第二期生だった。参謀総長の張都暎中将は、韓国軍の将校養成の先史時代ともいえる軍事英語学校（一九四五年の解放後、外国軍将校出身者に英語を履修させ少尉に任官させた）の出身。しいていえば、朴将軍の二期先輩になる。五・一六軍事革命と称したクーデターの主体勢力の中心は、朴正熙将軍と陸士八期出身の金鍾泌中領である。朴将軍は当時四四歳、金中領は三六歳であった。

クーデター当日のソウル市民はひっそりとしていて、あまり街に出なかった。しかし、翌々日の十八日、大勢の市民がソウル市庁前に詰め掛けた。八〇〇人の陸軍士官学校生徒隊による「革命支持パレード」を見るためで、これに拍手喝采を送った。ソウル市民だけでなく、全国の国民が「五・一六革命」を積極的に支持する姿勢を示した。日常茶飯事になったデモにこり、何事にも手を付けない上から下までの官吏の無能無策に無力感におちいった大多数の国民は、もろ手を挙げて果敢な軍人たちの決起を歓迎しはじめたのである。

これが、私がこの目で見た五・一六軍事革命である。一応は軍籍にあった者が、この出来事を「乱」の章で紹介するのは心苦しいが、少なくとも現象面では軍乱の範疇に入れるべきことであろうと考えている。

政権から譲歩を引き出した六・一〇民主化闘争

ソウル市龍山区南営洞《ナムヨンドン》の一角に目立たない建物があったが、ここで警察は特別な取り調べを行なっていた。一九八六年十二月、東亜日報はこの取調室の浴槽で一人の大学生がむごい取り調べに耐えられずに死亡していたと報じた。拷問死だったのである。この大学生の名前は朴鍾哲《パク・ジョンチョル》君といい、民主化勢力は彼を烈士と呼んだ。六・一〇民主化闘争はこれが端緒として起きた出来事であるから、権力の蛮行に抗する行為という点からすれば、過去に繰り返された「乱」と同じ性格の社会現象といえるだろう。

それからは、すさまじい規模のデモが繰り広げられ、ソウルは警察の催涙ガスと学生らのデモ隊が投げる火炎瓶の炎に明け暮れた。

当時、全斗煥将軍は朴正熙大統領が確立したシステムを踏襲して大統領となっていた。そのシステムとは、全国各地方代表からなる「統一主体国民会議」の地域代表九〇〇〇人余の絶対的な支持によって当選させるというものだった。地域代表らは、政府に任命されたのも同然の大政翼賛会のような組織である。大学生、野党、在野勢力は、一斉にこの制度の廃止と大統領直接選挙制の復活を要求した。

韓国での大統領直接選挙制は、朝鮮戦争中の一九五二年に実施しはじめた。一九四八年五月十日の総選挙で構成された国会で初代大統領に李承晩が選ばれたが、その後に反李承晩派が多くなり、民衆の圧倒的な支持を背景に李承晩は憲法を改正、直接選挙制とした。以後、一九七一年四月の大統領選挙を最後に朴正熙大統領は永久執権体制の維新を宣布、奨忠《チャンチュン》体育館での統一主体国民会議代表による間接選挙制としていた。

一九八八年春に任期を終える予定の全斗煥大統領は、コーナーに追い詰められた。彼は陸軍士官学校一一期の同期生、盧泰愚に大統領職を継がせたかった。穏健な性格の盧泰愚を次期大統領にすえることによって、全斗煥自身が上王(37)のように君臨できると考えたのである。しかし、情勢は全斗煥の思うようにはならなかった。当時の憲法によれば、彼の思惑通りになるだろうが、直接選挙のための改憲の要求が全国的に盛り上がり、広がっていったのである。

次期大統領を狙う盧泰愚は当時、与党の民主主義党代表であった。彼は一九八七年六月二十九日に、いわゆる「民主化宣言」を発表した。大統領直接選挙制を含む八項目の宣言であった。国民は歓呼した。その八項目は次のような内容であった。

一、与野党合意による大統領直接選挙制に改憲
一、公正競争を保障する大統領選挙法改正
一、金大中氏の赦免復権と時局事犯の釈放
一、改憲案に基本権強化条項を補完
一、言論自由関係制度の画期的な改善

一、社会各部分の自治・自律を最大限保障
一、自由な政党活動の保障
一、社会浄化措置の講究

これに先立つ六月十日、護憲反対デモはピークに達した。さらに事態を悪化させた事故も起こった。延世大学生の李漢烈《イ・ハンヨル》君が催涙弾をまともに受けて死亡したのである。これは燃える火に油だった。李君の柩を担いだ大学生のデモ隊は、ソウル市庁前広場を埋めつくした。数十万人もの市民と学生が一体となって改憲を叫んだ。これが六・一〇民主化闘争なのである。李漢烈君は烈士となり、学生と市民は勝利した。この勝利の結果が六・二九民主化宣言となったのである。

少し具体的に語ると、一九八七年六月十日には全国一八の都市で「民主憲法争取国民運動本部」が主催する大規模なデモが集中的に行なわれた。十日にはじまった群衆の示威行動は、二十六日には全国三七都市に広がり、史上最大の一〇〇万人のデモとなった。このような統制不能な状態になり、政府は軍に衛戍令を発令することも検討した。しかし、一九八八年にソウル・オリンピックが予定されていることもあって、穏健論者が強く反対し衛戍令の発令は取り止めとなった。

結局、一九八七年十月二十七日に国民の要求通り大統領直接選挙が行なわれた。その結果は、金大中、金泳三らが立候補して野党が分裂したためもあって、与党代表の盧泰愚が三六・六パーセントの得票でかろうじて大統領となった。

民主化闘争は、軍部独裁政権から民主化宣言を引き出したものの、大統領選挙においては民主化勢力の敗北という結果となった。しかし韓国の政界では、全斗煥独裁政権が終焉を告げ、新しい民主政権が登場したとして、いつのまにか全斗煥政権を第五共和国、盧泰愚は軍人出身であっても、民主制度のもとで大統領になったのだからと、その政権を第六共和国と呼ぶようになった。

盧泰愚大統領は、陸士同期であっても全斗煥前大統領とは違うとして、なるべく彼と距離を置くよう努めていた。そこで民衆は一斉に全斗煥を叩きはじめた。盧大統領はこの動きにこたえるかのように、盟友の全斗煥に国民の目から隠れたらどうかと示唆した。そこで全斗煥前大統領夫妻は、ソウルの北東二〇〇キロメートルの雪嶽山《ソラクサン》の山中にある百潭寺《ペクタムサ》に隠遁することとなった。全夫妻はここで二年、修行することとなる。

ところが一九九二年、盧泰愚の後継として登場した本物の民主化闘士である金泳三は、全斗煥と盧泰愚を投獄した。逮捕の理由は二つだった。一つは、朴正熙大統領暗殺直後の一九七九年十二月十二日、全斗煥を中心とするいわゆる新軍部がクーデターによって政権を奪取したことである。また一つは、この二人が統治資金の名目で兆単位という巨額な秘資金を私物化したことなどであった。罪状がどうであれ、元首であった二人に対して死刑や無期懲役という重罪を科することは、これまた「乱」であるといわざるをえない。

朴槿恵大統領弾劾はなぜ起きたのか

二〇一六年十二月九日午後三時、ソウル市汝矣島《ヨイド》にある韓国国会は、二三四対五六票で朴槿恵大統領の弾劾を決議した。弾劾の理由は、つぎの一三カ条である。

一、憲法違背行為。朴槿恵大統領は公務上、秘密な内容を含む各種政策及び人事案件を(私人である)崔順実に伝達、漏洩し、各種国家政策を含む公務員以外の民間人にして国政を壟断《ろうだん》せしめた。

二、大統領の公務員任免権(憲法第七八条)などの違反。

三、財産権保障(憲法第二三条一項)などの違反。

四、言論の自由(憲法第二一条)、職業選択の自由(憲法第一五条)などの違反。

五、生命権保障(憲法第一〇条)違反。

以上は憲法違反行為である。これに続く八項目は、朴大統領が文化・スポーツ振興のための関連政府部署に指令して創設したミール財団と財団法人Kスポーツなどの設立、運営のため財閥企業に圧迫を加えて募金するなどの法律違反に関するものとなっている。

韓国国会がこのような「犯罪項目」を弾劾事由として羅列しえたのは、もっぱら言論報道と、それらをもとに調査に臨んだ検察の中間捜査発表によるものである。二〇一六年十二月初旬の検察の中間発表では、朴槿恵大統領を国政壟断嫌疑で捜査中の崔順実と共犯だと断定していた。しかし、検察と国会は独走を続けた。そのような検察と国会に対し、大韓弁護士会前会長の金平祐《キム・ピョンウ》氏は、判決までは「推定無罪」の原則にそむく検察の横柄な独断だとの批判もあった。次のように検察を批判している。[38]

「……まず憲法違反行為に対する訴追から見ることにしよう……朴大統領は我が憲法のいかなる制度、原則、理念をも否定あるいは攻撃したことがない。むしろその反対だ。朴大統領は、我が国の自由民主主義憲法秩序を否定する統合進歩党の解散を請求し、憲法裁判所から解散の判決を導き出した。

大韓民国の正統性を否定する国史教科書を再整備するため国定教科書制度を復活させた。また、青少年に歪んだ理念教育を施行することによって、我が国の正統性を根っこから揺り動かした全国教職員労働組合の法外労組判決をも導き出した。朴大統領はまた国の安全を脅かす北朝鮮の核脅威に対処するためＴＨＡＡＤミサイルの国内配備を決めた。

朴大統領は任期初期から一貫して大韓民国の正統性と憲法を守護するため、自分の身を犠牲にして職務を遂行した我が国憲法の守護者だ。それなのに国会は朴大統領を、我が国憲政秩序に違反する金正恩のような独裁者に仕立てて罷免を要請している。

……国会は、朴大統領が七七〇億ウォン（約七五億円）の賄賂を受け、一五億ウォンの利権

（事業）に介入して着服した腐敗大統領と断定した。しかし、朴大統領は利得を一銭も受け取っていない。七七〇億ウォンはみな公共法人から受け取って保管している状態だ。朴大統領は国家の利益のため公益法人を創設し、企業に寄付を要請したのである。歴代大統領が在任中、ほぼ一回ずつ行なった準租税行為の慣例に従っただけのことである」

朴大統領弾劾のはじまりは、マスコミと政界との暴露合戦であった。二〇一六年夏頃から、朝鮮日報は躍起となって朴槿恵大統領の右腕ともいえる禹炳宇《ウ・ビョンウ》民政首席秘書官の不正疑惑を集中的に報じていた。朝鮮日報は「これでもか、これでもか」と連日、禹首席秘書官の不動産売買記録を示しながら糾弾記事を放った。ところが、検事出身の禹炳宇はびくともしなかった。

すると親朴派の金鎮台《キム・ジンテ》国会議員は、二〇一六年八月二十六日に朝鮮日報主筆の宋熙永《ソン・ヒヨン》の腐敗した行跡を暴いた。宋主筆は、大手船舶会社の斡旋である女性と一緒にその社主のプライベート・ジェット機でヨーロッパに旅し、さらに豪華ヨットでクルージングを満喫したことを公にしたが、当初はあまり注目されなかった。時期からして、禹炳宇秘書官の一件に対する報復だろうということだったが、金議員の暴露がことごとく真実であることが明らかになると、大騒ぎとなり、朝鮮日報は宋主筆の辞表を受理せざるをえなくなった。

一回戦で敗北を喫したマスコミは反撃に出た。十月二十四日、今度は財閥言論として知られるＪＴＢＣ（中央ＴＶ放送＝三星財閥系列の中央日報の子会社）が、朴槿恵大統領の非理を暴いた。

なんの官職にもない崔順実氏なる者が、朴槿恵大統領の演説原稿を担当秘書官から手渡され、検討、加筆した上で担当者に回しており、これは国政を壟断するものだと報じた。

翌日、朴大統領は事実を認め、謝罪の談話を発表した。その内容だが、指摘されたことは大統領就任前のことであり、大統領に就いてからはそのようなことは一切ないと弁明した。これが虚偽だったわけである。それ以来、各メディアは競って崔順実氏による国政壟断を報道し、高級人事にまで介入したと論評を加えた。これを受ける形で検察当局は捜査に着手して崔順実氏を逮捕した。取り調べの途中、朴槿恵大統領も「共犯である」と断定し発表した。マスコミと政界の暴露合戦が思いもよらぬところに飛び火し、それに検察が乗ったという構図であった。

では、この崔順実氏とは何者なのか。朴槿恵前大統領は、彼女が二〇代に二〇歳も年上の崔泰珉《チエ・テミン》（音訳）という牧師との交際が問題となったことがある。風聞を耳にした父親の朴正煕大統領は、捜査機関に命じて密かに調べさせた。その捜査結果の報告を受け、娘が崔牧師と深い関係にあることを知った朴大統領は驚いた。そこで父親として愛する娘に捜査機関の報告を伝えて、「これは本当か」と質した。槿恵は泣きながら、「お父様は娘の私を信じないのですか」と訴えた。自分は決して崔牧師なる男と関係はないときっぱりと否定した。情にもろい父親は、娘の泣訴をそのまま信じることにした。それからも捜査は続き報告もされたが、朴正煕大統領は娘をそれ以上、疑わなかった。

一九七四年八月、母親の陸英修女史を凶弾で失い、七九年十月には父親も悲劇的な死を遂げ、朴槿恵は絶望のどん底で孤独な生活を送っていた。その時、崔牧師の娘の崔順実はかけがえのない友であり、「妹」でもあった。朴槿恵と崔順実との親密な関係は、朴正熙大統領の生前から始まっていたという。一九七七年、朴槿恵は正しい民族観と確固たる国家観、主体性のある価値観を定立するために「セマウム（新しい心）全国大学生連合会」を設立し、自分は総裁となり、会長に崔順実をすえた。その後、崔順実は不動産投資家に転じて、カフェーや飲食店を経営していたという。

二〇〇六年、与党ハンナラ党の代表であった朴槿恵は、地方自治体長選挙の支援遊説に赴いた際、正体不明の五〇代の暴漢に襲われ、顔面を負傷した。彼女はすぐに病院に運ばれたが、この時、かたときもそばを離れず付き添ったのが崔順実であった。これでますます朴槿恵と崔順実は、親族以上に深い関係となった。朴槿恵が大統領になってからはなおさらのこと、常に崔順実を側におき、大統領秘書室長（日本の官房長官に相当）よりも、首席秘書官よりも重用され、権力序列ナンバー1とされていた。

どういうことがあったにせよ、大統領を弾劾するとは大変な事態だ。国会では数的に優勢な野党（「共に民主党」と国民の党、正義党など）と与党の反朴勢力（親李明博派）が力を合わせた結果、二三四対五六票で朴大統領の弾劾を決議するにいたった。まことに性急な決議であった。なぜならば、マスコミの報道や検察による捜査は、まだ疑惑解明の段階であって、疑惑が事実として確認されていないからである。判決前は「推定無罪」という原則がまったく無視された

朴槿恵大統領糾弾のキャンドルデモ、ソウル中心部で。
（2016 年 11 月 5 日）米村耕一提供

のである。

また知識人のサークルでは、国会の性急な弾劾決議は朴槿恵大統領の反北朝鮮・反共的な一連の政策によって切羽詰まった危機感を覚えた親北勢力が主導したと分析するむきもある。韓国内の親北左傾勢力以上の危機感を抱いたであろう北朝鮮の朝鮮労働党は、韓国国内の各団体に「朴槿恵打倒」との指令を発したとしても十二分にありえることである。二〇一六年十一月からはじまったキャンドル・デモは、毎週末にソウルの中心、光化門一帯を埋めつくし交通が渋滞するほどであった。その数、一〇万人とも一〇〇万人ともマスコミは伝える。もちろん朴槿恵大統領を支持する、いわゆる太極旗デモも大規模に行なわれたものの、大きく報道されることはなかった。

反朴デモ隊のなかには、民労総、朴政権によって解散させられた統合進歩党の旗も揺らいでいた。

その党首李石基《イ・ソクキ》（音訳）を釈放せよとのプラカードも見えた。そしてなんと日本共産党や労組の旗もかいま見られる。ところが朝鮮労働党の旗だけが見えない。彼らは、今出る幕ではないと判断している模様だ。決定的な瞬間ではないと判断しているからである。では、決定的瞬間はいつなのか。

それは文在寅が口癖のように言っていた「革命」の時期だ。彼は、朴槿恵大統領の弾劾決議がなされたあと憲法裁判所に最後の判決がゆだねられると、「もし、弾劾が棄却されれば革命あるのみ」と言明していた。公然とした革命宣言、過激な「乱」の予告も現実なものとはならなかった。二〇一七年三月十日、憲法裁判所は大統領罷免の判決を下したからである。

五章　今日にいたる歴代政権の功罪

定着していない民主主義

民主主義とはなにか。それを一言でいえば主権在民であろう。大韓民国の憲法第一条は主権在民を謳っている。第一条第一項では、大韓民国は民主共和国であると規定している。第二項では大韓民国の主権は国民にあり、あらゆる権力は国民から生まれるとしている。

ところで、民主主義と一口にいっても、世界にはさまざまな形の民主主義がある。国号から して「民主主義」を掲げている朝鮮民主主義人民共和国は、その統治者以外の誰も民主主義国家として認めていない。その北朝鮮の憲法第七条には、次のように主権在民を謳っている。「朝鮮民主主義人民共和国の主権は労働者、農民、兵士、勤労インテリに在る。勤労人民は自身の代表機関である最高人民会議と地方の各級人民会議を通じて主権を行使する」[39]。

周知のように民主主義による政治体制を大別すれば、直接民主主義と代議制民主主義とがある。古代アテネでのアゴラで討議をして直接、指導者を選ぶ制度や、現代でもスイスなどで実施されている直接民主主義もある。しかし、今日の民主主義国家は、おおむね代議制をとっている。そういう意味においては、北朝鮮はその憲法からすれば「代議制民主主義」の国といえるかもしれない。

ところで、民主主義政治制度の基本は討議（debate）と票決（vote）ではなかろうか。賛否両論（pros & cons）を十分にぶつけ合っても結論が出ない場合、投票をもって多数決で決めるのが民主主義ではないかと思う。北朝鮮では、そのような充分な討議のぶつけ合う場は皆無で、朝鮮労働党の党命・党令によってすべての物事が決まる。党命・党令を発するのはただ一人、「至高尊厳」と呼ばれる労働党書記長、場合によっては国防委員会委員長という不可解な存在に限られている。彼は全国民の生殺与奪の権を握っている。誰も逆らえない。反抗する節さえ見えれば殺される。金正恩の姑母夫（父の姉妹の夫）張成沢《チャン・ソンテク》が二〇一三年十二月に処刑されたのはその好例である。

とても北朝鮮は、民主主義国家と呼べない。では、韓国はどうであろう。もしデモス（Demos＝民衆）がクラトス（Cratos＝権力）を握るという語源通りの民主主義、すなわちDemocracyならば、大韓民国は民主主義国家である。今日のキャンドル・デモに参加する民衆が立法府（国会）、行政府、司法府や検察さえも動かすほどの影響力があるとすれば、韓国は本物の民主主義国家といえよう。

しかし、韓国の今の民主主義は、民衆主義ではあっても、本物の民主主義とはいいがたい。

今、韓国には教養豊かなエリートは、なかなか見当たらない。公務員、国会議員、判事、検事が確固とした国家観を持っているとも思えない。良識ある国民が納得するだけの大局観や総合判断力を身につけている指導者は、どこにいるのであろうか。

例えば、韓国の安全保障に必要不可欠なTHAADミサイルの配備を巡って、国論は真っ二つに割れている。左翼三党（「共に民主党」＝与党、国民の党、正義党）は、今のところTHAAD配備に対して北朝鮮や中国共産党政府とまったく同じ路線だ。国民が納得できるような合理的な説明もない。彼らは朝鮮労働党に有利で、大韓民国に不利である韓米連合軍司令部の解体を執拗に要求している。これも根拠を明らかにしていない。彼らはまた、韓国での南派スパイを防ぐための国家保安法の撤廃も主張するが、それなりの妥当性のある説明もない。

李承晩――民主国家の基礎を築く

自由民主主義を建国の理念とする大韓民国の民主主義は、試練の連続だったという印象をぬぐいきれない。真の民主主義が実践されたのは、全国の有権者の九〇・八二パーセントが投票した一九四八年五月十日の総選挙と、その結果選ばれた二〇〇人の国会議員の一八〇人が李承晩に投票（ライバルの金九は一六票）して、彼を大統領に選出したことだけだったかもしれない。

そしてまた、李承晩は韓国における民主主義の始祖でもある。二〇世紀初頭から李承晩は、日本や清国、そしてロシアなどの角逐のなか、右往左往するばかりの指導層にあきれはて、街頭での演説、あるいは独立新聞の論説で「万民共生」[40]の民主主義を唱え続けた。そのため傍流ながら王族の姻戚にもかかわらず投獄もされ、また長年にわたる亡命生活も強いられた。

李承晩が長年にわたって構想した国の形が大韓民国であった。この李承晩の具体的な業績として歴史に残ったものは、三権分立を基本とする民主主義制度の確立、民主主義を実行するため必須条件とみなした国民教育の向上であろう。柳永益《ユ・ヨンイク》教授は、それらを「李承晩大統領の業績」との論文で次のようにまとめている。[41]

まずは、政治的な業績である。一九四五年十二月二十八日にモスクワで開かれた米英ソ三国の外相会議で大国の都合だけで決めた、韓国を五年間、国連の信託統治下に置くということに反対する先鋒に立ったのが李承晩であった。一九四五年八月以来、米ソ両大国は実際に朝鮮半島を分割占領している状況で米ソ共同委員会を二回にわたって開催した。二回目の共同委員会が決裂したのは一九四六年五月のことだったが、その一カ月後の六月、李承晩は「三八度線以南での単独選挙と単独政府樹立」を公に主張した。

信託統治案の提議と米ソ共同委員会の協議が思うように進まないことに失望した米国はついに折れた。李承晩の主張に追随したわけである。結局、韓国の政府樹立のための総選挙を国連が監視することになった。一九四八年五月十日、国連韓国臨時委員団（United Nations Temporary Commission on Korea）監視下の南朝鮮での総選挙が実施された。投票率は登録者対比九五・二パーセント、総有権者対比七一・六パーセントに達した。

韓国では五〇〇〇年史上初の普通、平等、秘密、自由原則の選挙で構成された国会（制憲国会ともいう）は、人口比率によって選挙が可能な三八度線以南で選出された二〇〇人と、ソ連の拒否で国連委員会の入域が許されなかった三八度線以北の一〇〇議席が留保された。二〇〇議席のうち一八六議席を得た李承晩は大韓民国の初代大統領となった。「建国大統領」とも称される。そして李承晩大統領は、国と国民のため、二つの大きな足跡を残した。

その第一は、教育である。李大統領は執権期間中、年平均一〇パーセント以上の予算を教育部門に投入して、義務教育制、六・三・三・四学制、教育自治制など、韓国の教育史上、革命的ともいえる成果をあげた。

一九四八年、韓国政府が出帆した当時、文盲率は、総人口の七八パーセントであった。それまで初等教育を修了した韓国人は、全体の二二パーセントにすぎなかった。旧制高等学校や専門学校、大学以上の学歴を持つ者は、全人口のわずか〇・二パーセント未満であった。それが李承晩政権末期の一九五九年（李大統領は六〇年四月に退陣）には、文盲率が二二パーセント（男性一一パーセント、女性三三パーセント）までに低下し、識字率一〇〇パーセントの目標に一歩近づいた。

具体的に教育の充実ぶりを見ると、一九四五年の解放当時、初等学校（国民学校）は全国で二八〇〇校、生徒数一二六万人だったのが、一九六〇年には四六〇〇校、三六一万人となっていた。これは義務教育児童九五パーセントの就学率となる。中学校も九七校からほぼ一〇〇〇校に増加し、学生数は五万人から五三万人になった。大学は米軍政庁時代の一九四七年、二〇校の大学が設立認可を得たが、一九六〇年には全国の大学は六三校、学生数は一〇万人を超えた。現在は高校卒業者の約八割が大学に進学し、ある面で学歴インフレ現象ともいえる傾向にある。

教育と並んで、李承晩大統領の第二の業績は経済分野、特に農地改革であった。李承晩政府は一九四九年六月、地主出身議員（主に反李承晩勢力として知られる韓国民主党所属）が多数の議席を占める国会で農地改革法案を通過させた。農地改革法案は、農地を農民に適切に分配することによって、農村経済の自立と農業生産性の増進による農民生活の向上、ひいては国民経済の均衡発展を期するものであった。

この農地改革法とその施行令によると、土地の分配を受けた農民は、その土地から得られた主作物の年平均生産量の一・五倍を五年間で分割償還する。つまり年平均二トンの収穫ならば、五年の間、毎年〇・六トンずつ政府買入価格で支払うことになる。一方、地主に対しては、主作物の年平均生産量の一・五倍を政府買入価格で計上、一九五一年から五五年まで均分支給すると約定した地価証券を交付することとなった。つまり、有償買い入れ、有償分配なのである。この改革法によって小作人だった農民は地主となり、それまでの地主も大きな損害を被ることなく、小作人を一種の奴隷状態から解放したのである。

一方、北朝鮮は、無償没収、無償分配のスローガンを掲げ、労働者と共に農民を「解放」したと宣伝していた。そして一九五〇年六月二十五日、北朝鮮は対南奇襲攻撃を敢行して「農民を解放しにきた」と宣伝しても、韓国の農民は北朝鮮について行かなかった。「南朝鮮の労働者、農民がもろ手をあげて人民軍を歓迎し、北朝鮮を絶対支持する」と予言した南朝鮮労働党党首の朴憲永は、休戦後に米帝のスパイとして処刑された。韓国の農民が北朝鮮を歓迎しなかった最大の理由は、まさに農地改革法断行のおかげだとの見解が支配的である。

実際、朝鮮戦争が勃発する二カ月ほど前の一九五〇年四月十五日、農林部（農林省）の発表によると、総受配者戸数一二一万戸に四二万町歩（約四〇万ヘクタール）の農地の分配が完了したという。(42) 私有財産を持つようになった韓国の農民は、共産党に強く反発したとのちのちまで語られていた。これは即、李承晩の勝利でもあった。これで韓国に民主主義が定着したかに見えた。

朴正煕――「漢江の奇跡」と政権の正統性

朴正煕は一九六一年五月から七九年十月まで一八年間、最高権力の座にあった。文官優位・武官蔑視の伝統を破った一八年間の朴正煕時代とはなんであったのか。それは一言でいえば、有史以来初めての貧困からの解放であった。これに関しては、さまざまな研究や文献などが出ているので、ここでは重複を避け、簡単に足跡を追ってみたい。

五・一六軍事革命まもなく、革命委員会を「国家再建最高会議」と改称し、財務官僚のブリーフィングを聴取したときのことだった。財務部の担当局長から、外貨保有高が二〇〇〇万米ドルにすぎないと聞いたとき、朴正熙将軍はクーデターを起こしたことを後悔したという。当時、韓国の通貨量は二八三〇億ウォンだった（一九六二年六月十日の旧貨一〇対新貨一の貨幣改革以前の韓国通貨単位）[43]。米ドルとの交換率は約三〇〇ウォン対一米ドルであったというから、外貨保有高は二〇〇〇万ドルにも届かない心細いものだった。同じ時期、日本の外貨保有高は一四億ドルだったといわれるから、日本の経済力は韓国の七〇倍にもなるだろう。

朴正熙が目指す「貧困からの脱却」のためには外貨が切実に入用で、少なくとも数億ドルは必要であった。思案のあげく、朴正熙将軍は決心した。同盟国の米国と友邦の日本に訴えようと。おりよくジョン・F・ケネディ米大統領は、朴正熙将軍を招請した。一九六一年十一月の訪米が決定した。

そして朴将軍は腹心の金鍾泌を東京に派遣した。韓国のナンバー2に浮上し、権力中枢の中央情報部長である金鍾泌は、一九六一年十月二十四日に池田勇人首相を極秘裡に訪問した。この会談で朴正熙国家再建最高会議議長（前任者の張都暎将軍は反革命容疑で追放された）の訪日が検討され、訪米の途上の十一月十二日に東京に立ち寄り、日本の首脳と非公式の会談をすることが決まった。

さて、十一月十二日の夕刻、東京赤坂の料亭「川崎」で、朴正煕将軍は池田首相、岸信介前首相など政界首脳と席を共にした。日本式の礼をつくし、かつ流暢な日本語に誰もが目を見張ったという。そして朴将軍は革命主体勢力を明治維新の志士になぞらえ、豊かな国を目指しているから、どうか力を貸して欲しいと語り、一座は感銘したと伝えられている。(44)

この問題も紆余曲折を重ね、四年あまりの交渉の末、韓国は日本から無償三億米ドル、有償二億米ドル、商業借款一億米ドル、総計六億米ドルの経済協力資金を受け取ることとなった。当時の大平正芳外相は国会答弁で、「元宗主国の日本が、新生独立国に祝賀金を贈った」と答弁し、一時韓国側の反発をかったが、まるく収まった。この資金を韓国では、三六年間の日本による強制支配に対する賠償的性質をあらわす請求権資金と呼んだ。一方、日本は韓国が請求権を放棄した代償という認識だったが、両国とも損はなく、得をしたとの評価が一般的であろう。

広く知られる韓国の飛躍的な経済成長「漢江の奇跡」だが、その基盤はもっぱらこの六億米ドルによって整備されたと言えなくもない。整備された産業基盤は、四二〇キロメートルに達する韓国初の高速道路の建設、浦項製鉄所の設立、湖南肥料、忠南肥料などの拡張による肥料の自給自足を達成、重化学工業の着手などである。これらによって年平均一〇パーセントの持続的経済成長を達成し、個人所得は七〇米ドルから一九七九年には約六〇〇〇米ドルに達し、いわゆるポリコゲ(45)をなくすことができたのである。

輸出も二〇一〇年の前後、年間五五〇〇万米ドル、全貿易量は一兆米ドルを超す世界七大貿易国になった。外貨保有高は二〇一六年十二月末現在、三七一二億米ドル以上だとされる。朴正煕将軍が率いるクーデターが起こった五一年前にくらべると、まさに天と地の差といえよう。

朴正煕大統領は生前、自分に反対する人々に向かって「俺の墓に唾を吐け」というのを常とした。つまり、「俺のやっていることを批判するより、俺が死んだあと、俺がやったことが間違っていたら、その時は唾を吐いてもよい」という意味であると解釈できるだろう。

反体制的な学生や知識人が、朴正煕大統領を批判した理由は、大きく分けると次の二つになるであろう。

まずは、明らかに非合法なクーデターで政権を奪取したことである。朴政権のアキレス腱は、常に五・一六軍事革命だったといえよう。それでも朴大統領は、韓国五〇〇〇年の悠久の歴史のなかで特筆するにあたいするいくつかの偉大な業績を残した。にもかかわらず、批判から逃れえないのは、自由民主主義を建国の理念とする民主共和国において、武力をもって政治権力を奪い取ったことである。クーデターは、民主主義国家においては永遠に正当化することができず、それによって生まれた政権には、常に正統性の疑義がつきまとう。

もちろん朴正煕大統領は三回、選挙によって四年任期の大統領に就任した。一九六三年と六七年、そして七一年に民主的な手順に従って大統領に選出された。しかし、三回目は三選を禁じていた憲法を無理に改竄して当選した。一九七五年の四回目の大統領選挙は有権者の直接選挙ではなく、大統領が任命する各地方の代表約九〇〇〇人からなる「統一主体国民会議」での選挙であり、ほぼ一〇〇パーセントの支持によって選出された。これは、軍国日本の末期の「大政翼賛会」や北朝鮮の「人民代表者会議」に似た独裁的な手法の選挙制度であった。

また一つは、韓日国交正常化の問題である。韓国人には特有の「恨《ハン》」という情緒がある。日本語では「怨」とも訳されるが、必ずしも的を射た訳語とはいえない。これについては巻末（結びにかえて）で再び触れてみたい。

韓国、あるいは朝鮮や高麗は、国家として外敵と戦って勝利したことは、一一世紀（一〇一八～一九年）の契丹軍を退け大勝した姜邯賛将軍の戦勝以来、一度もなかった。そのあとは侵略され続けた。特に一六三六年のいわゆる丙子胡乱では、朝鮮王仁祖が清の太宗に跪拝して降伏したことや、一九〇五年から一〇年にかけて日本による屈辱的な保護国化や合併に対する無力感が積もりに積もって抱くやるせない感情が「恨」といえようか。このように「恨」は感情の問題だから、それを解く道がない。

第二次世界大戦で敗北した日本が再興したばかりか、朝鮮戦争を機に特需という名の復興資金すら得た。ところが韓国は苦しみ続けなければならないとはと「恨」が韓国人の胸中に深く沈殿していた。それなのに、日本からたった三億米ドルの賠償金を渡されて仲直りするとはなにごとだ、これは売国外交ではないかというのが、韓日国交正常化に反対する人々の名分であった。

これに対して朴正熙大統領は、今に見ていろとばかりに、日本との国交に反対する人々に前述した「俺の墓に唾を吐け」とし、歴史は俺のしたことを讃えるだろうとの確信を披瀝したのであった。

全斗煥──再評価すべき業績

一九七九年十二月、非常戒厳令下で全斗煥将軍は実質的な最高権力者となった。もちろん彼は一介の陸軍少将にすぎない。彼の直属上官は陸軍参謀総長と国防部長官だ。そのまた上には国務総理と大統領がいる。朴正熙亡きあとの大統領代行は国務総理であった崔圭夏、後任の国務総理は副総理だった申鉉碻《シン・ヒョナク》である。しかし、朴正熙大統領暗殺の共犯の疑いで鄭昇和総長を強制連行した全斗煥にまさる権力者は、韓国にはどこにも見あたらなかった。さらに一二・一二事態の直後、全斗煥は中央情報部部長職にあった陸士八期の先輩である李熺性《イ・ヒソン》大将を参謀総長にすえた。

一方、全斗煥自身は、国軍保安司令官、朴正熙大統領弑害調査合同捜査本部長、それに中央情報部長という三つの帽子をかぶった。鬼に金棒という格好だ。権力を一手に握った全斗煥は、独特な新しい支配機構を設けた。一九八〇年五月三十一日に設立した国家保衛非常対策委員会(以下、「国保委」)という一種の革命機構がそれである。国保委には、国家安全分科委、内務行政分科委、商工産業分科委、公報分科委など、実質的な政府権力行使の機構が設けられ、将官クラスが各委員長になって、崔圭夏大統領と申鉉碻国務総理の民間政府を統制した。

一九七三年八月に東京で拉致されて強制的に帰国させられた金大中氏は、それ以来、自宅で軟禁状態にあった。学生や大衆の人気を集めていた金大中氏は、一二・一二事態直後の十二月二十三日に軟禁が解除され、すぐさま活発な活動をはじめた。金泳三氏は新民党（新韓民主党）という伝統ある野党の党首として、また反朴正熙闘争の旗手として脚光を浴びて表舞台に復帰した。朴正熙時代のナンバー2として知られる金鍾泌氏も、元執権党の共和党（新民主共和党）を足場に華々しく政治の世界に再登場した。いわゆる「ソウルの春」が到来したのだった。しかし、政治権力は依然として新軍部の掌中にあり、実力者の全斗煥将軍は、これらの政治家が乱舞する舞台に睨みをきかせていた。

表向きの韓国政界は、久しぶりに民主主義を満喫する雰囲気であった。金泳三氏は新民党の組織を着々と整備しつつ、情勢を観望する姿勢であった。金鍾泌氏もまた慎重な姿勢で勢力拡張に腐心していた。「ソウルの春」だと調子に乗ったのは金大中氏であった。彼だけが在野勢力の糾合と各大学の運動圏を相手に活発な政治煽動に全力を注いだ。金大中氏がほかの「二金」と違う点は、政党を中心とした活動ではなく、あくまでも学生と不特定多数の民衆を相手に、煽動や宣伝を主にしたということであった。

韓国の四月は、学生運動の季節でもある。李承晩大統領を引きずり下ろした学生デモは一九六〇年の四月十九日、四月になるとどこの大学も学園祭が盛んに行なわれる。金大中氏は各大学を回り、講演をして学生たちを煽動これつとめていた。そして彼の活動は一九八〇年五月になってピークに達した。それによって学生は学園での騒擾を激化させ、労働者にも波及し、これをマスコミは労使紛争の激化と報じて社会秩序の崩壊をもたらした。それに対して、政治や社会の安寧と秩序の回復を求める一般の願望も高まった。

おりしもソウルの梨花女子大学の大学構内では、ソウルの主要大学運動圏の指導グループが集まり、前日の五月十六日に起きた過激な学生デモ（バスを奪取して暴走、警察官を轢殺した）を全国に拡散させるための秘密会議が開かれた。学生による街頭デモは激化するばかりであった。

そこで五月十七日午前零時を期して、全斗煥将軍は李熺性参謀総長に非常戒厳令を全国に拡大するよう指示した。それまでは、ソウルと釜山だけに戒厳令が布告されていた。戒厳令の全国拡大と共に、金大中氏と金鍾泌氏は電撃的に逮捕された。金大中氏の容疑は内乱煽動、金鍾泌氏の容疑は不正蓄財であった。金泳三氏は自宅に軟禁となった。これで「三金氏」の自由は失われた。全羅南道の光州では、地元の英雄である金大中の釈放を求めて騒乱状態におちいった。五・一八事態と呼ばれるものだが、これについては本書三章を参照されたい。

五・一八事態のあと、全斗煥ら新軍部はいよいよ名実共に権力者となるための手順を整える。その最初が一九八〇年九月一日、ソウルの奨忠体育館で行なわれた全国各地方の九〇〇〇人の「代表者」による選挙を通じて、全斗煥を大統領に選出することであった。彼はこの「選挙」

で大韓民国第一一代大統領になったのだが、任期は七年と彼自身が決めた。強引な手法で権力を握った全斗煥大統領だったが、その任期中には数多くの業績を残したことも認めなければならないだろう。

その第一の業績は外交面である。政敵を投獄し、武力によって権力を奪取したというハンディを除くことが全斗煥の最急務であった。それにはまず不信感を抱く米国との関係改善であった。米国のロナルド・レーガン政権としては、クーデターによる全斗煥政権を承認する第一条件として、内乱容疑で死刑判決を受けた金大中を自由にすることだった。レーガン政権は、しきりに金大中の釈放を韓国に要求したが、韓国政府は全斗煥大統領訪米の代償として金大中の釈放に同意した。全大統領は一九八一年一月二十八日に訪米の途につき、レーガン大統領との首脳会談を含め一〇泊一一日の日程をおえて二月七日に帰国した。

米国についで二番目の訪問先は、日本であった。史上初、韓国の元首の国賓訪日であった。一九八四年九月六日、全斗煥大統領は東京・赤坂の迎賓館で昭和天皇の歓迎を受けた。これに先立つ一九八三年元旦、就任まもない中曽根康弘首相が訪韓、全大統領と首脳会談を行なっている。

第二の業績は経済であった。全斗煥政権の七年間、経済はインフレ抑制、物価安定、輸出増加、貿易黒字元年、外債減少、外貨保有高増加などに集約されよう。

一九八四年の韓国の卸売物価は前年比一・六パーセント増、消費者物価は二・四パーセント増だった。同じ時期、日本は〇・四パーセント対二・六パーセント、米国は一・八パーセント対四・〇パーセントであった。一九八六年九月現在の韓国の卸売物価は三・二パーセント減、消費者物価は一・八パーセント増であった。日本は九・五パーセント減対〇・三パーセント増であった。同じ時期の韓国の賃金は平均九パーセント増で、庶民の生活は安定していた。物価上昇率も卸売基準で一九八三年は〇・八パーセント減、八三年から八五年までの平均上昇率は〇・六パーセント減であった。

一九八六年度の外債は、一八億米ドル減で四五〇億米ドル台になった。一方、貿易は輸出が三三六億米ドル、輸入は二九三億米ドルで初めて四五億米ドルの黒字元年を記録した。二〇一〇年頃に全貿易量一兆米ドルを達成したが、その基礎は全斗煥時代に確立されたものだといえよう(46)。

全斗煥政権は、外交、経済、内政の面において、記録的な業績を残したとはいえ、彼と政権にまつわる正統性が問題であった。全斗煥は自ら朴正熙の「嫡子」として、軍人特有の果敢な統治能力については一定の評価は得たものの、政権の正統性については問題が残った。

そこで全斗煥政権は、いろいろなポピュリズム的な施策を試みた。例えば旧暦のお正月の復活である。「旧正《クジョン》」と呼ばれる旧暦の元旦は、旧暦八月十五日の「秋夕《チュソク》」と共に韓国人最大の伝統的な祝日だった。しかし、一九四八年の建国と共に旧弊から脱却する近代化の一環として、公式には太陽暦の元旦だけを祝日にした。しかし、大多数の国民は依然として旧正を祝日としていた。全政権はこれを公式に認め、情緒のうえからも国民に歓迎されたのである。

全斗煥政権の人気獲得策の第二番目は、朝鮮戦争以後、日常生活上の重荷であった「通禁」(夜間通行禁止)制の全廃であった。国民の誰もが、夜十二時以降、午前四時まで通行が禁止されていた。毎日、午前零時になるとサイレンが鳴り響く。散策中の若い男女、ハシゴ酒のサラリーマン、夜勤の人たちなど、一分でも遅くなると家に帰れず、派出所の留置場ですごさなければならなかった。この不便を全斗煥政権は、一挙になくしてくれたのである。

人気獲得のナンバー3は、中・高生の制服全廃であった。男子は詰め襟、女子はセーラー服は旧日本帝国主義の残滓と見なされていたし、中・高生の間でも不満の種であった。それをこれまた一気に廃止したのだから国民は歓迎した。

このほか、全斗煥政権は、建国後初となる漢江の浚渫、プロ野球の開始など、国民生活に活気をもたらす諸施策を実施にうつした。特に漢江の浚渫は、まさに世紀的な大工事であった。毎年、洪水に見舞われるとボートで往来しなければならなかった川辺の町も、浸水もなく奇麗に衣替えした。河川敷にはプールやサイクリング・ロードが整備され、市民の憩いの場として活用できるようになった。

全斗煥大統領の任期中の一九八〇年、歴史的に記録されるべきは、第一八回オリンピックのソウル誘致であった。なによりもライバルの日本の名古屋を押さえての開催決定には、全国民が歓呼したものである。しかし、ソウル・オリンピック開催は、全斗煥大統領の任期がおわった翌年の一九八八年で、後任の盧泰愚大統領が開会宣言をしてはじまった。その時、全斗煥夫妻は山寺の百潭寺に配流され、惨めな幽閉生活を送っていた。

盧泰愚——脆弱だった権力基盤

後継者あるいは後任者というものは、なるべく前任者の影を消したいのが「人之常情」なのかもしれない。前任者が偉大な功績を残したとしても、後任者としてはそれをできる限り軽いものにしたい。逆に前任者が独裁者で評価が低いともなれば、なおさらのこと、その残映から遠ざかろうとする。全斗煥と後任の盧泰愚の関係がそうであった。この二人の思惑は、互いに一八〇度反対の方向に向いていた。

全斗煥大統領は、陸士同期でおとなしい性格の盧泰愚氏が後任になれば、自分の意のままになると思っていたはずである。そこで、彼は大統領在任中からさまざまな手を打っていた。

一九八三年十月九日、訪問先のミャンマーでアウンサン廟に参拝した際、北朝鮮のテロリストが仕掛けた爆弾が炸裂、随行閣僚が爆死したが、全斗煥大統領はあやうく一命を拾った。この事件の弔慰金として大企業から集めた五〇〇億ウォンの資金で、ソウルの南郊二〇キロメートルに壮麗な休養施設を建設し、日海財団を設けた。「日海《イルヘ》」は全斗煥氏の号である。退任後の彼は、ここから後任の盧泰愚大統領にあれこれ指図をしようと考えていたのであろう。日本の例をひくならば、白河天皇が幼い堀河天皇に譲位してから、上皇として院政を敷いたのと同じようなことである。

一方、盧泰愚大統領の思惑は、全斗煥のそれとまったく反対であった。盧大統領は全前大統領の影を消す作業に取り掛かったのである。盧大統領は、一般国民に負のイメージを与えている「五共」（第五共和国＝全斗煥執権時代）の残映を払拭しなければならなかった。そのためもあり、全斗煥に遠く離れた山寺に蟄居するよう勧めた。

全斗煥夫妻は勧められるままに、一九八八年十一月二十三日に百潭寺に赴いた。六畳ほどのオンドルの続き部屋二つに閉じ込められた形となった前大統領夫妻は、断崖から落下した気分になったことだろう。それから艱難辛苦の日々が二年も続いた。山寺から戻って自宅で休養していた全元大統領を私が訪ねたのは、一九九〇年の春頃だった。彼は元気だった。紅潮した顔でほぼ二時間半くらい一人で話し続けた。いかに苦労したか、しかし良い経験だった……が、自分は「一切唯心造」の心構えで耐え抜いたと。上王どころか、奴隷の生活を強いられたのである。

前任者を苦労させたぶんだけ、盧泰愚は得をしたのかもしれない。全斗煥とは違うのだと、ある程度の差別化に成功したからだ。しかし、盧泰愚の政権基盤はひ弱なものであった。野党が分裂したおかげで、かろうじて大統領に当選したからである。

一九八七年六月十日のいわゆる六・一〇抗争によって全斗煥政権がおわりに近づいた同年六

月二十九日、与党民正党（民主正義党）の盧泰愚代表は民衆の要求を受け入れ、四章の一二九頁で紹介した「民主化宣言」を発表した。一九七二年以来、大統領直選投票権を失っていた有権者たち、言論の自由を制限されていたマスコミや知識人、大学生たちはもちろん、一般国民も熱烈に歓迎した。

それにもかかわらず、新憲法によって行なわれた大統領直選で盧泰愚は三六・六五パーセントの得票率でようやく当選した。それさえも野党が分裂したおかげだった。統一民主党の金泳三は二八・〇パーセント、平和民主党（平民党）の金大中は二七・一パーセント、新民主共和党の金鍾泌は八・一パーセントの得票だった。もしも野党が団結して単一候補を立てたならば、盧泰愚に圧勝したであろう。

権力基盤が弱体な盧泰愚政権は、「ムルテウ」（水の泰愚）との嘲笑的なニックネームで呼ばれていた。野党側、特に金大中は盧政権を任期なかばで中間評価し、もしもその評価が悪ければ大統領選挙をやり直すと脅かした。これにおびえた盧大統領は、あらゆる手段を動員して野党、特に金大中を籠絡しようとした。盧大統領は金も使った。金大中自身も「盧大統領から二〇億ウォン受け取った」と言明している。この頃、盧泰愚は兆台の資金を抱えていた。この大金の出所を明らかにしなければ、このあとの話の筋が通らない。それに関するエピソードを紹介したい。

三七パーセントの得票率でやっと大統領になった盧泰愚の与党、民正党は国会で過半数に二五議席たりない一二五議席で、いわゆる「与小野大」の情勢にあった。盧大統領は金泳三と金鍾泌を説得し、統一民主党と新民主共和党を合党させ、保守の大同団結をなしとげた。一九九〇年二月九日に三党が合同、民主自由党（民自党）が誕生した。

この経緯からして民主自由党は、民正系、民主系、共和系からなり、民正系と民主系は主流派争いにふけっていた。民正系のボスは、浦項製鉄会長の朴泰俊《パク・テジュン》だった。民主系の頭は金泳三だ。一九九一年末の第一四代大統領選挙を睨んだ党派争いは、激化の一途をたどった。

朴泰俊は側近を動員して「盧心」（大統領の心中）を探った。側近らは異口同音に「盧心は朴泰俊にあり」と報告した。朴泰俊は党内外に自分が次期大統領候補だとにおわせた。すると大金が集まり出した。朴泰俊は六七〇〇億ウォンが集まったと、一九九二年十二月に東京で語ったことがある。(47)

ところが本当の「盧心」は、朴泰俊ではなく、金泳三であった。当初は朴泰俊が「盧心」だったが、金泳三は自分が大統領候補にならなければ、民主系を率いて脱党すると盧大統領に圧力をくわえた。さらに国家安全企画部（安企部＝一九八〇年七月、中央情報部を改組）に世論調査をさせたところ、支持率は金泳三が七〇パーセント以上、朴泰俊は一七パーセントにすぎないとの結果が出た。

これを知らされた朴泰俊は、落胆失望し集まった六七〇〇億ウォンを全額、民主自由党総裁である盧泰愚大統領に上納して、自分は製鉄所のある全羅南道光陽《クワンヤン》に隠棲した。金泳三は光陽に朴泰俊を訪ね、「大統領選挙対策本部長」になってくれるよう依頼した。三顧の礼をつくしたが、朴泰俊は頑として応じなかった

実は朴泰俊には、またべつの構想があったのである。当時、大統領候補にはもう二人がいた。一人は金泳三のライバルで平民党の金大中、彼は三度目の大統領選挑戦である。もう一人は、財閥「現代」のオーナーで統一国民党(国民党)を組織した鄭周永《チョン・ジュヨン》であった。その鄭周永は、朴泰俊を誘ったのである。「自分は間違いなく大統領に当選する。『現代』グループの家族だけで九〇〇万票だ。それに浮動票をくわえれば一〇〇〇万票は楽に超える。自分が大統領になったならば、あなたは国務総理だ。万が一、落選したら国民党はあなたのものだ。しかも一〇〇〇億ウォンを上乗せして党を譲る」。

朴泰俊の心は動いた。しかし、当選したのは鄭周永ではなく、金泳三だった。金泳三は朴泰俊に報復するとの噂が飛び交った。朴泰俊は難を逃れて東京に向かった。私はその彼と赤坂で会い、二時間半にわたってインタビューをして、前述の六七〇〇億ウォンの話も聞いた。しかし、私はそれを記事にすることはひかえた。もし私がそのことを記事にすれば、朴泰俊は凄まじい報復に遭っただろう。

ところがそのあと、金泳三政権下で総務部筋から、盧泰愚氏が抱える巨額な秘資金の存在が朝鮮日報に漏れた。盧前大統領は朴泰俊から受け取った六七〇〇億ウォンを金泳三の選挙資金には使わず、ほぼ全額を自分のポケットに収めてしまっていたのである。その代わり、べつの

ルートで集金した五〇〇〇億ウォンを金泳三陣営に渡したという。盧泰愚の秘資金が暴かれるにつれ、全斗煥の秘資金も調査対象となった。

金泳三政権は、前任者であり、しかも彼を大統領にした盧泰愚とその前任者の全斗煥を不正政治資金収集及びその隠匿の容疑で逮捕、投獄した。政治的に背信きわまりない行為だと、金泳三は非難されたものだった。さらに金泳三大統領は、盧泰愚、全斗煥の両人にクーデター首謀の容疑を追加、盧には無期懲役、全には死刑を言い渡した。しかし、金泳三のあとを継いだ金大中は両者を赦免、復権させた。

金泳三――「民族」優先の道へ

一九五二年、二六歳にして国会議員になった金泳三は、韓国保守政治の象徴的な政党である韓国民主党（韓民党）の流れをくむ最後の政治家であった。しかし、彼は自力ではなく、新軍部を中心とした民正党や五・一六主体勢力を中心とした新民主共和党との合従連衡によってかろうじて第一四代大統領になった。

戦時中、釜山でソウル大学哲学科を卒業したという金泳三は、軍人嫌いであった。一九九二年、大統領に就任した彼は自らの政権を「文民政府」と強調した。文民政府の旗幟のもと、彼は「軍事文化」の払拭を政策の再重点とした。全斗煥、盧泰愚らを厳重に処罰したのは、第一にいわゆる軍事文化を消滅させること、第二に誇らしき文民政治を誇示するためであったといわれている。

特に金泳三が毛嫌いしていたのは、二章で紹介した「ハナへ」で、全斗煥、盧泰愚らを中核とする軍内部の強力な私的組織であった。大統領となった金泳三は、この「ハナへ」を破壊、消滅させた。それにあたったのは、陸士一五期で権寧海国防部長官であった。権寧海将軍は、一つ星の陸軍准将の時、国防部幕僚でナンバー3の企画管理室長を務め、少将に進級すると次官をへて長官に就任した。国防部長官には、慣例として四つ星の大将が予備役編入と同時に任命されていた。ところが金泳三大統領は、この慣例を破って陸軍少将の権寧海をすぐ長官に抜擢したのである。こうして「ハナへ」を消滅させ、新軍部のクーデター勢力を一掃することによって、軍部の政治介入は不可能なことになった。

軍部に厳しかった金泳三大統領であったが、ライバルの金大中には甘かった。彼は口癖のように「あいつはパルゲンイ（赤、共産主義者）だ、悪い奴だ、詐欺師だ」と金大中を罵りながらも、決定的な瞬間には金大中の肩をもつのを常とした。

一九九七年十二月には、第一五代大統領選挙が予定されていた。金大中氏は四度目の大統領選挙に挑戦していた。平民党候補として三度目の出馬でライバルの金泳三に敗れた金大中は、涙を流しながら記者会見をし、「もう政界から引退する」と宣言した。ところが、中国やイギリスをまわって帰国すると、新政治国民会議（国民会議）という政党を作り、四度目の挑戦に出たのである。与党のハンナラ党からは、李會昌《イ・ヘチャン》元国務総理が大統領選挙に出馬した。彼は大法官（最高裁判所裁判官）の出身で、金泳三政権下で監査院長と国務総理を歴任していた。剛直で清貧な李會昌氏は総理の時、事あるごとに金泳三大統領とぶつかり、大衆的にも人気が高かった。

選挙戦たけなわの一九九七年秋、与党の事務総長（幹事長）だった姜三載《カン・サムジェ》氏は、金大中候補は秘資金六五〇億ウォンを不正に入手したと暴露して大騒ぎになった。当時の金泰正《キム・テチョン》検事総長はこれをどうすべきか裁決を仰ぐため、金泳三大統領に捜査報告をした。ところが、金大統領は検察にブレーキをかけ、捜査は中断となった。なぜなのか。

私は退任後の金泳三氏に、この問題をただしたことがあった。すると金氏は苦々しい表情でこう答えた。「あいつ（金大中）が俺をおどかしたんだ。民乱を起こすというんだ」、それで捜査を中断させたというわけだ。そんな理由が通じるものか、「なんと、ばかな」と私は心の中で叫んだが、もう過ぎ去ったことである。金泳三大統領は本当に金大中による民乱が怖かったのかもしれない。それに選挙戦の真っ最中に長年のライバルを起訴することは、まずいと思ったとも語っていた。しかし、私はそんな理由よりも、もっと深い事情があったと思う。

それは、李會昌よりも金大中の当選がましだと金泳三は考えたからだ。清貧剛直な李會昌がもし大統領になったならば、自分を放ってはおかず、報復の恐れがあったのである。李會昌にくらべ、金大中は長年にわたる民主化闘争の同志であり、ある面で人情と情感あふれる朋友なのだ。金大中が大統領になっても、自分に報復することはあるまいと読んだのである。

ここまで先を読んだ金泳三は、積極的に李會昌の当選をさまたげることにした。おりしも党内では、政治的な後輩である李仁済《イ・インジェ》が新たに大統領候補に名乗り出た。金泳三は陰に陽に李仁済を支援した。その結果、李仁済は李會昌票のうち四〇〇万票も奪った。そのため李會昌はわずか三九万票差で惜敗した。

一九九二年二月二十五日、国会前での大統領就任演説で金泳三は、「いかなる同盟よりも民族が優先だ」と宣言し、彼を支持した保守層を驚かせた。このポリシーは、日本に対しても堅持された。彼は世論の激しい反対にもかかわらず、一九二六年に建てられた文化財的な価値のある旧朝鮮総督府の建物を打ち壊した。旧王宮の景福宮の真ん前に立ち塞がる巨大な石造建造物は、さすがに韓国人の自尊心を傷つけるのも事実である。

だが、そうかといって屈辱の歴史を象徴するものを消すことも、賢明なこととはいえまい。それなりの文化財的な価値があるというのが、韓国の文化界の見解でもあった。金泳三氏はそういう意見を押しのけて自分の意志を貫徹させたのである。

金大中——南北統合の六・一五宣言

一九九八年、大統領就任まもなく金大中は、「第二建国委員会」なる直属の機構を設けた。

つまり、李承晩による一九四八年の建国は認めないとの立場を明らかにしたのである。彼は平素から、「一番上のボタンが間違ってはめられている」と語っていた。大韓民国という国は、初めから間違っているのだという主張を曲げなかった。それで自分は第二の建国をするつもりであったのだろう。

しかし、第二の建国の実体はなにかとなると、誰もなにも知らない。しいてその実体を探れば、二〇〇〇年六月十五日に平壌で合意発表された六・一五宣言なのだろうか。結論から先にいうと、「六・一五宣言」とは南北連合制の提唱である。

いわゆる六・一五宣言の核心は、その第二項である。すなわち「南と北は国の統一のため、南側の連合制案と北側の低い段階の連邦制案が互いに共通性があると認め、将来この方向で統一を指向することにした」とある（六・一五宣言第二項）。ここでいう連邦制案は北の公式の統一方案であるが、（国家）連合制案は韓国の憲法に正面から抵触するものである。これはあくまで金大中氏の私案にすぎない。韓国の公式統一案は、憲法第四条に「大韓民国は統一を指向し、自由民主的基本秩序に基づき平和的統一政策を樹立し、これを推進する」とある。

大韓民国の憲法は、自由民主主義統一を指向する。しかし、金大中大統領と金正日国防委員長とが合意した連邦制とか連合制は、自由民主統一ではなく、自由・共産両制度の連合を意味する。これは一九三〇年代の中国における「国共合作」を連想させる。共産主義者のワナに過ぎない。金大中はそのワナにはまったのか、あるいは共産主義者の意図を知悉して同調したのか。私は後者だと思う。

二〇〇〇年六月十三日、金大中は韓国大統領として史上初めて空路で平壌に入り、金正日の車にたった二人きりで乗り、二五分たらずの距離にある百花園招待所（迎賓館）に向かった。ところが、二人の乗ったリンカーン・コンチネンタルは、目的地まで五五分もかかった(48)。余計にかかった三〇分、二人はどこでなにをしていたのか。途中、主席宮に立ち寄り、金日成主席の遺骸に参拝したのか、それともドライブしながら二人だけの秘密の対話を交わしたのか。ごく最近、後者の状況であったとの証言がなされた。元中央情報部所属の李某氏が、ある集いで明かした内容は次のようなものである。

二〇〇〇年六月十三日午前十時二十五分、大統領専用機は順安《スンアン》空港に着陸した。朝鮮人民軍儀仗隊の査閲をおえた金正日と金大中は金正日の車に乗った。ホストとゲストが同じ車に一緒に乗るのは、外交慣例上、珍しいことだ。ともかく、二人だけを乗せた車が空港を出発したのは十時四十七分だった。公式な迎賓館の百花園招待所は、空港から二五分ほど、平壌の東郊外にある。二人は三〇分ほどよけいに時間をかけたことになる。対話のテープによると、金正日から話しだした。

「私は来年の五月頃、ソウルに行きたいのですが、いかがでしょうか」

「いつでも大歓迎します。どうぞ委員長の都合の良い時期においでください」

「さて、用件ですが、私がソウルに行くまでに統一憲法草案をそちらから作っていただけませんか。南には勉強をして頭の良い人がいっぱいいるでしょう」
「結構です」
「憲法の内容ですが、連邦朝鮮の初代大統領は、やはり金大統領にやっていただくのが順序でしょう。ただし、六カ月か一年後にはその職を私に継がせていただきたいのです。なにせ金大統領は老将ですから……」（以下、略）

喋るのはおもに金正日であったという。金正日は「統一朝鮮の憲法」問題以外にも、多方面にわたる話題を引き出し、多くの場合、金大中は頷いて見せたという。また金正日は、自分の父親は生存中、金大中の役割を高く評価していたとか、自分も南での金大中の活躍におおいに期待をかけてきた、その間の労苦をねぎらうと誉めそやしたという。

金大中大統領は、平壌訪問からソウルに戻った翌日の六月十六日、彼の主宰する国務会議（閣議）を開いた。その席上、彼は次のような重大発言をした。(49)

「向こう（北朝鮮）でしきりに統一を話しながら連邦制を主張していた。連邦制とは、軍事と外交権を中央政府が握り、内政は地方政府が司ることである。しかし、現実的に今の南北関係では、これはとても不可能だ。それで私は長い間、構想してきた三段階統一方策を説明したい。この第一段階は南北の連合である。第二段階は連邦、第三段階が統一となる。第一段階は今までの状態で行く。ただし、双方の政府代表が代表会議、閣僚会議、国会会議を開き、議題を満場一致で決める。常時このような運用を試み、結果が良ければ、米国式連邦制のように軍事と外交は中央政府が、内政は地方政府が分担する。この方式で経験を積み重ねると、やがて我々の望む統一国家になれるだろう」

金大中氏のいう三段階統一論は、結局のところ赤化統一論にほかならない。なぜかといえば、韓国にはその段階ごとになんの理念や政策もない。ところが北朝鮮には、はっきりとした政治イデオロギーとそれに基づく政策（例えば基幹産業の国有化や農業の集団農場化）があり、対外的には外勢排斥と強力な民族主義によって駐韓米軍を撤退させるような確固たる理念を持っているので、政策上の優位が保たれるからである。

このような理念上の問題はさておき、この三段階による統一は大韓民国の公式的立場による自由選挙で決定されるという手段の面でも大きな問題がある。現在の有権者の概数は、韓国が四〇〇〇万人、北朝鮮は一八〇〇万人、倍以上の差があれば韓国の主張が通るように思われようが、それは間違いである。二〇一七年四月中旬にギャラップ世論調査機構が韓国の男女一〇一〇人を対象にした調査が行なわれた。それによると来る大統領選挙で左派候補に投票するとしたのは合計八〇パーセント、右派は合計一〇パーセント足らずであった。この割合は、解放直後に米軍政庁が実施した調査の結果とあまり違わない。

もし、金正恩が人口比例による自由選挙を受け入れたとしても、北の有権者は九割以上の投票率をもって、北の主張に九割以上が賛成する。一方、韓国だが投票率はよくて七割、そして二〇一七年の世論調査の結果から見れば、なんと八割が北朝鮮の主張に投票するということになる。有権者数が倍以上ということも、なんの意味もない。実際に、二〇一七年五月九日に行われた大統領選挙の結果でも文在寅が四一・〇八パーセント、文在寅以外の左派合計二七・五八パーセント、総計六八・六六パーセントの得票率を上げている。右派は総計三一パーセント足らずであった。

ここで日本人をはじめ多くの国の人々は、どうして韓国、北朝鮮の人は非人道的で国民を満足に食べさせることすらできない独裁者を選ぶのか不思議に思うはずだ。この疑問を氷解させるような答えはなかなか見つからない。しいて言えば、韓国人の排外主義的な民族意識がその理由となるであろう。ベトナム人と並んで韓国人のゼノホビア（xenophobia＝排外主義）は凄まじいものがある。特に強者に対する排外主義は、外患の連続だった歴史から韓国人の心に染み付いている。

したがって、韓国人、朝鮮人の心の底には、ウェグックノム（外国の奴）の影響を受けずに、水入らずの同族同士で平和に暮らしたいという切望が潜んでいるのかもしれない。そういう心理であるから、われわれを一時支配した日本や、いまだに支配者のように君臨している米国を排除し、自力で核兵器やミサイルを開発して米日を脅かしている金正恩は「偉い」となって北を支持するということになってしまう。

金大中大統領は、このようなことを熟知し、北主導の統一を企てていたのではないか。しかし、五年単位の政権交代という憲法上の制約下では、彼の目論み通りの政策は実現しない。それに、金正日は約束通りに二〇〇一年五月がとうにすぎても、ソウルにこようともしなかった。金大中大統領は配下の憲法学者、趙某氏に指示して金正日の「指令」通りの統一憲法を準備していた。それなのに金正日は、なぜ韓国を訪問しなかったのか。

本当の理由は誰も知らない。ただ人口に膾炙されるところによると、韓国の右派の指導者であった故李哲承《イ・チョルスン》元国会副議長が金正日に次のようなメッセージを送ったからだという。

一、ソウル訪問前に韓国国民に対し六・二五南侵戦争について謝罪すること。

二、謝罪なしにソウルに来ると、貴下に対する安全は保障できない。

金正日は、このメッセージを受け、おびえてソウル訪問を断念したという。

一方、金大中としては、金正日のソウル答礼訪問いかんにかかわらず、連合制統一への執念は変わらなかった。しかし、大統領の任期は五年と定められているから、念願の連合から連邦へ、そして統一の夢を実現するためには確たる後継者が必要になる。彼の有力な後継者として浮上していたのは、同郷の全羅南道出身でソウル大学外交学科卒の韓華甲《ハン・ファカップ》という側近だった。金大中を継ぐ者は韓華甲だと、自他共に認めていた。

ところが、党内予備選挙で最先端を走っていた韓華甲は、決戦の場である金大中の地元の全羅南道光州市での選挙で無名の盧武鉉に逆転敗北を喫した。選挙の前日まで韓華甲は九〇人以上の票を集めて当選確実と見られていた。ところが、一晩で形勢が変わったのである。誰もがいぶかしげに首をひねったが、仕方なくこの結果に承服した。当時から北朝鮮の指令によって、金大中は韓華甲から盧武鉉に馬を代えたのだと語られていた。

名門大学出身の韓華甲にくらべ、盧武鉉は高校出身のプロレタリアだった。独学で司法考試に合格して弁護士になったが、一九七〇年代末に金泳三の勧めで政界入りした。彼が注目されるようになったのは、一九八八年に行なわれた「五共」（全斗煥政権）聴聞会の席上、証言台に立った全斗煥証人に自分のネーム・プレートを投げ付けた時からであった。その場面は、生中継するＴＶの画面にそのまま映り、全国の視聴者は拍手喝采した。前述したように、これが韓国国民のある一面なのである。盧武鉉議員は弱者の代弁者であり、全斗煥前大統領は権力者つまり強者であるから、弱者が強者を攻撃したことに多くの者が共鳴したということである。これで盧武鉉は「聴聞会のスター」として知られるようになった。

また、大統領選挙中、対抗馬の李仁済氏から、「あなたの奥さんは、かつてのパルチザンの娘さんだと聞いている。間違いないのか」とＴＶ討論で質問された盧武鉉氏は、「間違いありませんが、私は大韓民国の大統領になるために彼女と別れる考えはありません」ときっぱり答えた。多くの有権者はこの発言に魅せられた。パルチザンは弱者だから、「弱者びいき」の韓国人の心をくすぐったのである。

金大中としては、このような人物を後継者に選べば、自分の対北政策を継承してくれると信じたのだろう。さらには、この程度の人物ならば、引退した自分に危害を加えることはないだろうし、院政も敷きやすいと考えたにちがいない。金大中大統領は、盧武鉉を後継者に「指名」することによって、大韓民国の基盤を根底から揺るがしたといえよう。

　また、金大中大統領は任期中、検察の公安機能、国家安全企画部（一九九九年一月、国家情報院に改組）の対共査察機構を廃止し、その要員を全員解雇した。情報活動は継続と情報資料の蓄積、そして熟練した要員が命だから、この措置によって対共、対北に関する情報能力は極端にまで低下した。その一方、北朝鮮の諜報活動はより容易になった。

　戸籍制度も「日帝の残滓だ」との名目で廃止し、公務員や企業の新規採用の時、出身成分や過去の経歴を問えないようにしたのも金大中政権の時だった。戸籍をなくす、これこそこれまでの「乱」が主な目的の一つにしていたことだった。北朝鮮の間諜出身でも、公務員や国会議員、判事や検事になれる門戸が大きく開かれたのである。

盧武鉉――反韓・反米姿勢に終始

　二〇〇二年十二月下旬、第一六代大韓民国大統領に当選した盧武鉉氏は、さすが金大中に見込まれただけあって、その政策はどれも北朝鮮に有利で、韓国に不利なものばかりであった。

　盧武鉉氏がまだ大統領当選者の立場だった時、合同参謀会議に「駐韓米軍撤収方策」の策定を求めた顚末は、一章で紹介した。当時、多くの国民の意識では「駐韓米軍撤収イコール北朝鮮軍侵攻」であったから、軍首脳部は「駐韓米軍撤収」ではなく「自主国防」を目指す戦時作戦統制権の還収と名付けた。[50] 韓国軍首脳部は研究を重ねた結果、二〇一〇年までに戦時作戦統制権を還収することを目指して自主国防計画を立案した。

暫定的な結論として、韓国軍は二〇二〇年までに完全自立する。そのための所要経費は約六〇〇兆ウォンもの巨額に達すると見積もられた。問題はそれだけにとどまらず、米軍が撤収すれば外国資本も引き揚げる。当時、韓国国防部が算出した在韓米軍の資産価値は約三一兆ウォン、外国資本の引き揚げなどを考えると、韓国の経済規模（ＧＤＰ）は二パーセント以上減少すると判断された。[51] にもかかわらず、盧武鉉大統領はいわゆる戦時作戦統制権還収政策を曲げなかった。文在寅大統領も二〇一七年六月末、ワシントンでの韓米首脳会談でこの立場を堅持した。

盧武鉉は大統領在任中、中国を訪問したが、北京大学生から尊敬する人物は誰かとの質問を受けると、「毛沢東だ」と即答した。中国経済を立て直した鄧小平と答えるならばともかく、大韓民国の統一寸前に北朝鮮を助けて介入（抗美援朝）した元凶の毛沢東を韓国大統領が尊敬するとは言葉をうしなう。驚いたのは北京大学生の方だったと伝えられている。

また、盧武鉉大統領は休戦ラインの西部の海上延長線のＮＬＬ（黄海上の北方限界線）を北朝鮮に売り渡したと非難されている。その全貌を見てみたい。二〇一三年「趙甲済ドットコム」で示された「盧武鉉・金正日対話録全文と解説[52]」には、次のようなくだりがある。

金正日＝私の考えでは、軍事境界、我々が主張する軍事の境界線、また、南側が主張する北方限界線（ＮＬＬ）……その間にある水域を共同漁労区域、あるいは平和水域を設定したらどうか。そうしたらこの問題は大きく緩和されるだろうし、また、敵対関係を終焉させる共同の意志が表れることになるでしょう。

盧武鉉＝西海（黄海）のいわゆる軍事境界線……問題ありますね、確かに。……それは国際法的な根拠もなく、論理的にも明らかじゃない。しかし、現実的には強力な力を持っています。北側の人民としてもおそらく自尊心にかかわるでしょうし、南側ではこれを領土（領海？）と主張する人がおりますね。

この混雑を解く必要がありますけれども、そのために軍事会議を開くと互いに喧嘩ばかり……自分たちの安保だけにこだわって、問題を解決しようとする意志がない……委員長から提案された西海共同漁労、平和の海は、私から見て息が詰まるのをフーッと吹き消す気持ちです。

盧武鉉は、なにかひとごとのような言い方をしている。趙甲済《チョ・カプチェ》氏はこういう盧武鉉の態度について次のようにコメントしている。

「（金正日の）ぶったくりのような侮辱的提案を受けた盧武鉉は、彼が本当の韓国大統領であるならば、ゲラゲラと笑い飛ばすか、憤りながらこういったはずであろう。『あなたの提案がそうだとすれば、私は今の休戦ラインと平壌～元山《ウォンサン》線のあいだの北韓の地域を共同管理する

〔北方限界線（NLL）と休戦線〕

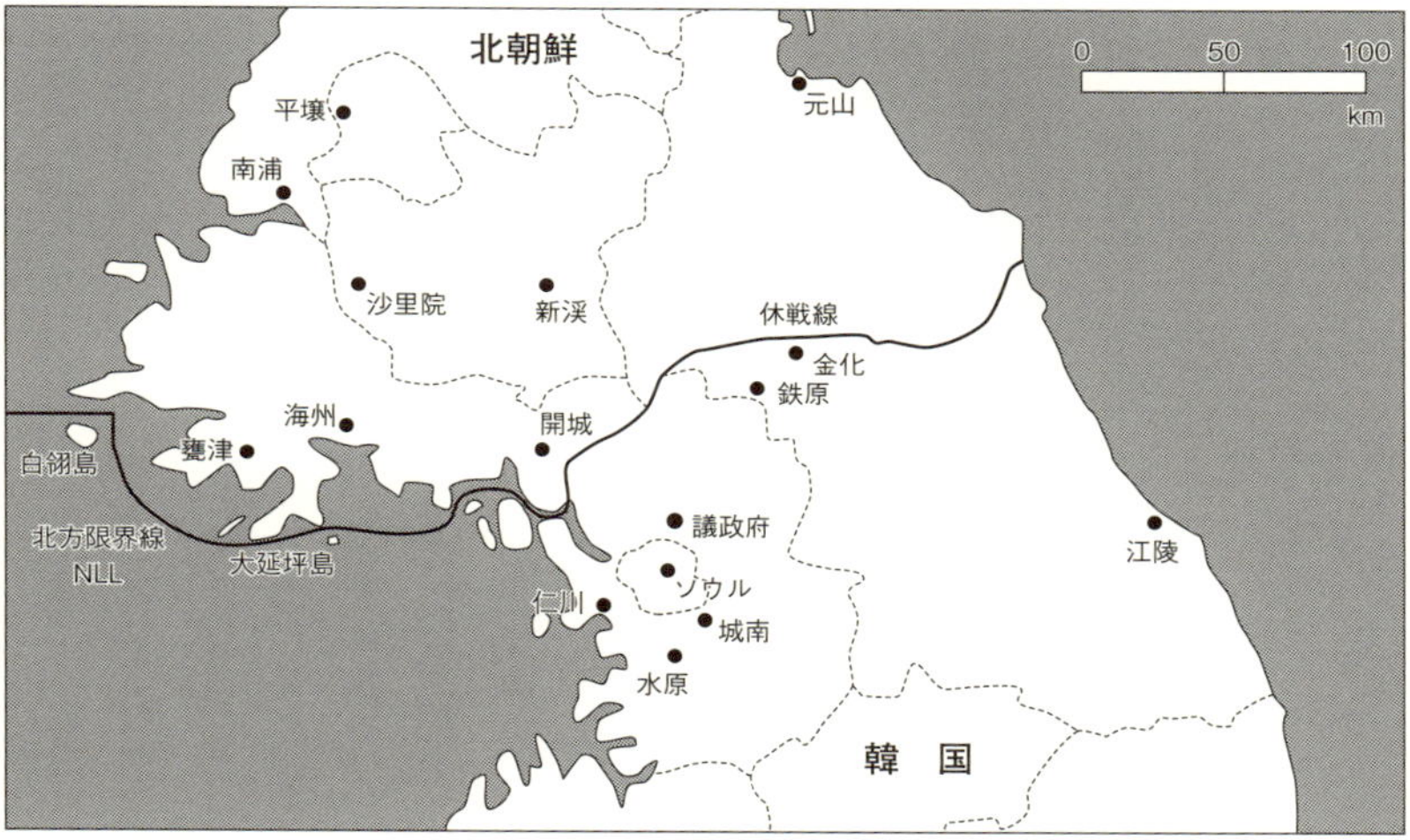

よう提案します』と」

盧武鉉は、大韓民国の大統領でありながら、大韓民国という国家意識はまったくないような言い方をしていた。彼は金正日がうんざりするほど相手におもねっていたのである。この屈辱的な発言があったのは、二〇〇七年十月十四日であった。それから北朝鮮の艦艇や船舶が、頻繁にNLLの南方に出没するようになった。

そんな動きの中で特筆すべきは、二〇一〇年三月二十六日午後九時二十分頃、北朝鮮海軍の小型潜水艇がNLL南方、白翎島《ペクヨンド》西南方で魚雷を発射、韓国海軍の哨戒艦「天安」に命中、撃沈させた事件があった。これで「天安」の乗員四六人が犠牲となった。また同年十一月二十三日、民間人も居住しているNLL直下付近の延坪島《ヨンピョンド》に無差別砲撃を浴びせ、軍民の死傷者十数人を出した。これはまぎれもなく、盧武鉉政権のあとが保守的な李明博政権であるため、これに対する嫌がらせ、もしくは威嚇だった。

それからも金正恩は、たびたびこの一帯に現れ、挑発の兆候を見せていた。ところがここ二、三年、NLL南方での動きは見せていない。彼らはたぶん、核兵器とミサイルの開発に重点を移したからであろうと思われる。

このNLLに関することなど、とにかく盧武鉉は、北朝鮮の言いなりになることが多かった。そのなかでも特記すべきは、国連の人権関連決議案に対する可否いかんについて、北朝鮮側にあらかじめ意見を求めたということだった。国連は二〇〇三年以後、北朝鮮内での組織的で広範な人権侵害が行なわれていると批判し、その改善を促す決議案を毎年採択してきた。韓国政府はこの決議案表決に不参加あるいは棄権の態度を取り続けていた。二〇〇七年十一月にも北朝鮮人権決議案の表決が予定されていた。

当時、外務部の宋旻淳《ソン・ミンスン》長官は、決議案に賛成の立場であった。しかし、彼を除く政権の要人はことごとく反対の立場だった。盧武鉉政権は、自ら国民が参与する（参加する）「参与政府」と名付けていた。参与政府の統一部長官の李在楨《イ・ジェジョン》、国家情報院長の金萬福《キム・マンボク》、大統領府秘書室長の文在寅、大統領府安保室長の白鍾千《ペク・ジョンチョン》ら皆、国連の人権決議案に反対の立場であった。

二〇〇七年十一月、シンガポールで開催されるＡＳＥＡＮ（東南アジア諸国連合）プラス３に出席する盧大統領に宋旻淳外務部長官も随行していた。十一月二十日のことだが、白安保室長は宋外務部長官に一枚のメモを手渡した。それには北朝鮮から届いたメッセージが書かれていた。その要旨は次の通りであった。

「歴史的な北南首脳会談をおえた直後、反共和国（北朝鮮）勢力の人権決議案に賛成することは正当化されない。北南関係発展に危険な事態を招来する『人権決議案』表決に責任ある態度を取って欲しい。南側の態度を注視する(53)」

これは、まったく脅迫状にひとしい。なんでこんなメッセージが届いたのかとただしてみると、金萬福国家情報院長が南北間のルートを通じて、国連人権決議案について北朝鮮の意見を確認してみようとのアイディアを出し、その通り意見を打診した模様だ。北側のメッセージはその返信であった。盧武鉉大統領は、その直前の二〇〇七年十月に金正日総書記と南北首脳会談を開き、南北首脳宣言を発表していたのである。

事実関係を追うと、よくも盧武鉉政権時、韓国が北朝鮮に併呑されなかったとすら思えてくる。そして今日、大統領に当選した文在寅は、盧武鉉大統領の秘書室長を務め、腹心中の腹心と知られているばかりか、まったくのコピーであることに危機感を覚えざるをえない。

李明博──保守の期待に背いた「機会主義者」

民主主義国家では、だれでも大統領になれる。しかし、大統領らしい大統領になることは、誰にでもできるものではない。韓国有数の財閥、現代グループの有能なCEO、かつソウルの名市長と評価の高かった李明博氏は、はたして大統領らしい大統領であっただろうか。彼は退任後の二〇一五年二月、『大統領の時間』というタイトルの七九八頁に達する大著を世に出した。この著作の第一章で彼は、「私は大統領を夢見ていなかった」と記している。幼少時には貧困との闘いで精一杯だったとも語っている。高麗大学に進んだ李明博は、運動圏の一員で、一九六四年の六・三デモ（韓日屈辱外交反対デモ）の主役のひとりでもある。

二〇〇七年の第一七代大統領選挙の前、李明博氏はソウル市長の職にあった。さすがは「現代」財閥の総帥、鄭周永の目に留まったほどの経営手腕と実行力の持ち主とされ、名市長と高く評価されており、それが大統領当選の決め手となった。

ソウル市街の中央を流れる五・四キロメートルの清渓川《チョンゲチョン》は、古来から排水路になっていたが、人口が稠密となり川が汚れて悪臭が漂い、また川岸に不法占拠するバラックが建ち並び、深刻な環境問題になっていた。一九六〇年代の後半、強引でブルドーザーと呼ばれていた軍人出身の金玄玉《キム・ヒョンオク》市長は、清渓川をコンクリートで蓋をして暗渠にした。なんとも風情のないことで、下水処理施設も充実したこともあり、ソウル市長に立候補した李明博の公約の一つが、清渓川をきれいな流れに復元することだった。

結構な話には違いないものの、本当にできるのかとソウル市民はハラハラしながら見守ったものである。現代グループの経営者の一人として、国内外で数多くの難工事を成功させた李明博市長には自信があった。そして二〇〇〇年初頭、美しい清渓川のせせらぎを目の当たりにしたソウル市民は歓声を上げた。今日、清渓川はソウル市民の憩いの場であるばかりか、世界からの観光客が歩く必須のコースともなり、さらには各国から都市計画の専門家がモデルケースとして訪れている。

ソウル市内の複雑多岐なバス路線を合理的に改善したのも李明博市長だった。今は六〇〇ものバス路線には、停留所ごとに設けられた電光掲示板で「〇〇路線、〇〇分後に到着」と知らせ、誰もが便利に利用している。世界でもあまり見られないシステムらしく、パリやニューヨークからも視察団が訪れるという。

さらにソウル市長時代、李明博はこんなこともしている。市民はたびたび市営地下鉄のストに悩まされていた。思案の末、李市長は陸軍空輸部隊の司令官を訪ねた。

「司令官、頑丈な兵士を四〇〇人くらい貸してくれませんか」

突然の話に驚いた司令官は、「なにに使うのですか」と尋ねた。

「労組のスト期間中、空輸部隊の隊員を投入して運行したらどうかと考えました。地下鉄の運転を含めてみな単純労働です。一週間ほどで熟練します」

これを聞いて司令官は膝を打って快諾した。空輸部隊の精鋭はすぐに地下鉄運行に習熟し、労組が長期にストをしても、地下鉄は平常に運行されるようになった。これでまた、非凡な能力のあるCEOだと李明博の評判が高まり、大統領への道が開けたのである。

ソウル市長として人気絶頂の時、ハンナラ党元代表の朴槿恵を押さえて大統領候補となるが、その時のしこりが残り、今日の与党（今は野党）の混迷をもたらしている。二〇〇七年の第一七回大統領選挙では、大多数の有権者は一〇年にわたる親北左派政権にこりごりという心情であり、ひさしぶりに「保守」の候補に出会ったのである。李候補は民主党の鄭東泳候補に五〇〇万票もの差をつけて大勝した。

しかし、李明博大統領に対する国民の期待は、そこまでであったといっても過言ではない。まず最初の試練は、三章で述べた「狂牛病騒動」だった。「国民の健康を顧みないで、米国の圧力によって狂牛病の牛肉を輸入する」と李明博政権への批判を連日、新聞やTVが報じた。

実は米国からの牛肉輸入を決定したのは前の盧武鉉政権で、米国政府と妥結したＦＴＡ（自由貿易協定）の結果だった。ところが親北左派勢力は、保守右派の李明博政権に揺さぶりをかけるため、デマを流して組織を動員、暴動をたくらんだのである。

李明博氏はその著作のなかで「克服できない危機はない」と述べ、狂牛病騒動について自分自身を慰めている。事態が沈静化したのは、李明博大統領の力量というよりは、真実が明らかになり、国民がデマにだまされたことを遅ればせながら悟ったからであろう。

李明博政権の前半は、対日関係も良好であった。就任早々、彼は米国訪問の帰途、東京に立ち寄って福田康夫首相と会談した。福田首相は李明博の大統領就任式に参席している。以後、日本との関係は、首脳同士がいつでも、どこでも会える、いわゆる「シャトル外交」を約束するまでになった。しかし、李大統領は任期の末期、日本人の感情をさかなでする発言や行動をするようになってしまった。

まず、韓国大統領として初めて独島《トクド》（竹島）を訪問したことだった。二〇一〇年八月十日、李明博大統領はヘリコプターで独島を訪問し、独島は「新たな天地開闢《かいびゃく》があっても我が国の領土である」と言明した。もちろん、韓国人にとっては当然な話だ。しかし、韓国の国家元首がなぜ、あの時に独島に行かなければならなかったのかは疑問である。日本の報道や論評は過熱的に反応した。日本政府も駐韓大使を召還するという騒ぎにもなった。

その四日後、李明博大統領は火に油を注ぐような発言をした。八月十四日、彼は忠清北道清原《チョンウォン》にある韓国教員大学でのワークショップに参加した。そこである教師が李大統領に、「日本の天皇が訪韓することをいかがお考えですか」と質問した。李大統領は答えていわく、「日本の天皇が訪韓したいということだが、その前に独立運動をして亡くなった方々（の墓）を訪ねて真心の謝罪をするべきです」。

この発言も日本を強く刺激した。これが機となって、日本で嫌韓運動が広がったのではなかろうか。独島と天皇の訪韓問題に関する個人的な見解は控えたい。ただ、あの時期に独島を訪問したことは、分別のある行動ではなかったのではなかろうか。明仁天皇の訪韓についても、李大統領がわざわざ前提条件に言及したのは外交的に失策だった。

広く知られているように、明仁天皇は「天皇家の祖先は韓国と深い関係がある」と言及したことがある。また明仁天皇はサイパンを訪問した時、公式日程にはなかった「朝鮮人慰霊碑」を訪れて弔意を表したこともある。これらを事実として韓国人も知っておかなければならないことであろう。

結局、李明博大統領は冷静で客観的な判断に基づくよりは、国民の民族感情に迎合するあまり、日本との関係を悪化させたのではないかと私は考えている。その一方、中国とは「戦略的協力同伴者関係」に格上げさせた。彼が日本よりも先に中国を公式訪問していることは中国重視の表れであり、これは経済重視の姿勢による。

韓国と中国は、一九九二年八月に国交正常化して以来、地理的、経済的に最大のパートナーになった。韓国の対外輸出総量約五〇〇〇億米ドルのうち、中国向けはその二五・一パーセントを占めている。韓国の対中輸出入は金額にして年平均一二〇〇〜一三〇〇億米ドルで推移しており、韓国はこれで三七五億米ドルの黒字を得ている。ちなみに韓国の対米輸出総額は七一八億米ドル、輸入総額は四三五億米ドル、二八三億米ドルの黒字となっている。対日輸出総額は二四四億米ドル、輸入総額は四七五億ドルで二三一億ドルの赤字となっている（インターネット貿易ニュース）。

企業の中国進出も目を見張るものがある。国交樹立以前から韓国企業は中国に進出しており、KOTRA（韓国貿易公社）によると、一九八九年には韓国企業七社が中国に進出していた。その翌年には二四社、そして国交正常化から一四年目になる二〇〇六年になると二三〇一社が中国で経済活動をしていた。しかし、これをピークに韓国企業の中国進出は下り坂となり、二〇一三年には九〇八社にまで減少している。

特に最近、THAADミサイルの韓国配備の影響で、ミサイル基地を提供したロッテの売店を壊したりする圧力が加えられ、韓国企業の中国国内の活動も大幅な縮小が迫られている。この動きは韓国の政情と大きく関係するものと思われ、注目されている。

国内的にも李大統領は、彼に票を投じた大多数の保守・反共勢力の期待にそむく政策を行なった。例えば、彼の肝を潰した二〇〇八年六月八日の暴動の背後にいた民労総（民主労働組合総連盟）など親北左派勢力になんらの措置もとらなかった。

あれは暴動であり、彼らは傷害罪などの現行犯であった。李明博政権は、その首謀者たちを実定法をもって裁き、処罰するべきであった。彼の支持層は左翼に対する李明博の鉄槌を熱望した。しかし、李大統領は応じなかった。こう見てくると、李明博という人は、機会主義者で卑怯だというほかない。彼の任期中から自由民主的な基本秩序は壊れつつあったのである。

朴槿恵——そして追い落とされた

二〇一二年十二月に行なわれた第一八代大統領選挙は、保守層の胸を焦がすものであった。何故ならば、朴槿恵の対抗馬の文在寅がもしも当選したならば、今度こそ韓国は北朝鮮に併呑される恐れがあったからだ。保守・反共的な韓国人は、北朝鮮はいかにひどい非人道的な集団かを体験から身に染みるほど知っている。しかし、その数は歳月が流れるにつれて減少していく。有権者はほぼ四〇〇〇万人を数えるが、反共的、保守的な考え方をする人は三分の一にもならない。

朴槿恵は朴正熙元大統領の次女であるばかりでなく、その思想的な背景や、長年の政治家としての資質は保証済みであると思われていた。その一方、保守層にとって文在寅は、悪名高い盧武鉉元大統領の秘書室長という経歴から見ても、あるいは言行からしても、とうてい自由民主主義国家の大韓民国の大統領にふさわしくないと思われた。

文在寅は盧武鉉と同じく、米軍駐屯に反対する立場であり、したがって米軍司令官にゆだねられた韓国軍への戦時作戦統制権を還収すべきであると主張し、共産主義破壊勢力の活動を阻止するための国家保安法の撤廃を要求している。そういう人物が韓国最大の野党である民主統合党の大統領候補であった。民主統合党と連携する統合進歩党の女性候補、李正姫《イ・チョンヒ》はＴＶに出演し、「私は朴槿恵氏を落馬させるためだけが目的で出馬した」と放言して波紋を巻き起こした。

そんな文在寅は、事あるたびに朴槿恵大統領を批判し、誹謗し続けてきた。一〇〇万票もの票差で敗北した彼は、朴大統領の失政がマスコミによって暴露されると、待ってましたとばかりに全力をあげて非難する。朴大統領はそういう左翼を意識してか、福祉政策や外交面においてよく機先を制した。特に外交面では、左翼さえも躊躇するような大胆な諸施策を果敢に実行した。

たとえば二章で紹介した中国傾倒がその典型といえよう。周囲の反対を押し切り、かつ各国と連絡もせず、左傾勢力の頭越しに二〇一五年九月三日、中国のいわゆる「戦勝記念七〇周年」の軍事パレードに出席した。これはぬぐいきれない朴槿恵大統領の外交的汚点となった。しかし、二〇一六年一月六日に北朝鮮が四回目の核実験をした時、朴大統領は目が覚めたようだ。彼女は習近平主席に電話をかけたが、習主席は電話にも出なかった。

それから朴槿恵大統領が本当に目が覚めたかどうかは確認できない。しかし、三章で触れたように、一連の動きを見ると、朴大統領はどうやら舵を右に切ったように思えた。あえて重複をいとわず振り返ってみたい。

その最初のシンボル的な措置が二〇一四年十二月九日、韓国の破壊を目的として活動してきた統合進歩党（統進党）をついに解散させるのに成功したことである。朴政権が統進党の解散請願書を憲法裁判所に提出したのは、二〇一二年五月二十日であった。憲法裁判所は二年あまりの審理のあと、解散を命令したのである。

統進党の綱領は、①駐韓米軍撤収と韓米同盟解体、②独占財閥中心の経済体制解体、③働く労働者が主人になる自主的民主政府の樹立、④労働解放運動、四・三民主抗争（一九四八年四月三日、南朝鮮労働党による大韓民国建国反対暴動）、五・一八民衆抗争（光州事態）などの闘争継承……。要するに統進党は、大韓民国を全面否定、北朝鮮主導の統一を目的とした制度内闘争組織であった。朴槿恵政権はこれを潰したのである。

第二番目の右への舵取りは、金大中が敵陣の開城に設立した開城工団の閉鎖であった。朴槿恵大統領は二〇一六年二月十日、開城工団の閉鎖を公式に発表した。

北朝鮮は、開城工団で年間数億米ドルを稼いでいた。韓国側が支払った北朝鮮の労働者の平均賃金は月二五〇米ドルだった。ところが北朝鮮当局は、その七〇パーセントを上納金として徴収していた。これで得た巨額な米ドルを北朝鮮は、核兵器と弾道ミサイルの開発、生産に投入していたと考えても不思議ではない。朴槿恵大統領は、これを遮断したことになる。このような事態は、北朝鮮としては李明博政権以来、中止されている金剛山《クムガンサン》観光とあいまって、開城工団の閉鎖は、なくてはならない米ドル入手を閉ざすものであった。朴政権による開城工団の閉鎖は、北朝鮮にとって悲鳴をあげざるをえない痛手であったことは想像にかたくない。

また一つ、朴槿恵政権のヒットは、国定教科書の確定であった。それまでも教科書は検定制だったが、その九〇パーセント以上は韓国を否定し、北朝鮮を肯定的に記述したものが選ばれていた。例えば、大韓民国を建国した李承晩は独裁者であり、北進統一論者だとする。その一方、北朝鮮の金日成は人民を愛し、主体思想を確立した……などと教える。教師の相当数は、全教組（全国教職員労働組合）に所属する反政府または反体制的左翼である。

全教組は二〇〇一年六月に『この民族を生かす統一の道』というタイトルの統一教育ガイドブックを発行した。こともあろうに本の表紙には微笑む人民軍軍官（北朝鮮軍将校）の写真が載っている。同じ写真が本文中にも何カ所かにある。これに引き換え、たった一カ所に、執銃している韓国軍将兵の写真が掲載されているが、その写真説明はなんと、「誰が彼らの死の責任をとるか、大邱虐殺現場」とある。この本の内容は、「微笑む人民軍と虐殺現場の国軍」の写真が雄弁に物語っている。(54)

韓国の小中高の多くの教師たちは、『この民族を生かす統一の道』のガイドラインに沿って、子供たちに韓国の「歴史」を教えていたのである。朴槿恵大統領は、これを打破、改善するために国定教科書を確定し、真実の韓国歴史を次世代に教えようとしたのである。ところが残念なことに、この歴史の国定教科書を使う高校は、全国で慶尚北道の一校だけだといわれる。それほど従北左傾の全教組は、深く根を下ろしている。

このような朴槿恵大統領の画期的な三つの政策は、北朝鮮当局と南の追随者たちに危機感を抱かせた。そこで朝鮮労働党は、「朴槿恵をやっつけろ」と動いた。その結果が二〇一六年十二月九日の国会での弾劾訴追可決、続いて二〇一七年三月十日の憲法裁判所の大統領罷免宣告だとして、大筋において間違いはないであろう。

文在寅——親北・反米・反韓の唱導者

文在寅大統領が所属する「共に民主党」の大統領選挙公約は、おおよそ次の一〇カ条に要約できよう。すなわち、一、職場の創出　二、権力機構の改革　三、財閥改革、四、強力な安全保障　五、青年雇用　六、性の平等　七、老人福祉　八、児童福祉　九、自営業者支援　一〇、安全体系構築である。

二〇一七年五月九日の大統領選挙で文在寅候補は、三八・六パーセントの支持率で当選し、六月三日現在、八四パーセントの支持をえており、これは歴代最高の支持率といわれる。なぜこれほど高い支持率かといえば、彼の公約の第一条「職場の創出」が実現するかに見えるからである。大統領就任の数日後、文大統領は仁川国際空港を訪れた。そこで彼は若い従業員とともに写真を撮りながら、「非正規職ゼロ時代」を宣言した。

非正規職とはいわば契約職で、日本でいうところの非正規社員、派遣社員とほぼ同じだ。一定期限、雇用側と被雇用者とが報酬額などを決めて働くことを指す。韓国での場合、非正規職は年金も退職金もないし、健康保険など各種の保険に加入できない。不安定きわまりないのが非正規職である。労働部（労働省）の統計によると全労働者の三〇パーセントが、労働組合の調査によると五〇パーセント以上の労働者が非正規職とされる。

文在寅大統領は、これをなくすと宣言し、国民は諸手をあげて歓迎した。その代わり、企業や政府の負担は天文学的な数字になるだろう。文大統領が宣言の場に選んだ仁川国際空港の非正規職は約九〇〇〇人といわれるが、これを正規職化するためには数兆ウォンの予算が必要だという。さらには、すぐにも国家公務員を大幅に増員するという。報道によれば、今年中に公務員は一万二〇〇〇人増員されるという。これでは国家財政が破綻し、第二のギリシャになりかねないと憂慮する声が早くも上がりつつある。

権力機構や財閥の改革だが、まだその輪郭も明らかになっていない。ただ、財閥改革を唱えてきて公正取引委員会の会長に任命された金尚祚《キム・サンジョ》（音訳）氏や外交部長官に指名された康慶華《カン・キョンファ》氏らの、これまでの軽薄な言動からして、「改革」が彼らの思う通りに運ぶかは疑問だ。

大統領選を前後して文在寅大統領は、高位人事の「排除五大原則」を掲げた。その第一が兵役免脱（免除）である。韓国は国民皆兵の徴兵制度の国で、憲法では兵役が教育、勤労、納税と共に国民の四大義務とされている。第二が不動産投機、第三が税金脱漏（脱税）でこれは説明は不要だろう。第四が偽装転入だ。子女の教育のため、一流校が集まっている地域に偽装して転入させることが韓国ではよく行なわれている。そして第五が論文の剽窃《ひょうせつ》（盗作）となっている。このいずれかに該当すれば、高位職には任命されない、それが文大統領の人事の原則であるとした。

ところがごく最近、国会の聴聞会に立った総理に指名されたばかりの李洛淵《イ・ナギヨン》前全羅南道知事は、子供の兵役免脱や偽装転入の事実が明らかになっていたにもかかわらず、国会は彼の総理任命を批准した。康慶華外交部長官も偽装転入の疑いが浮上している。公正取引委員会委員長の金尚祚氏もダウン契約をしたことが明らかになった。このダウン契約とは、納税額を下げるため、実際の売買より金額を下げて契約することで、脱税そのものの行為である。その点を国会で追及されると、「それはその時の慣例であった」とずうずうしく言い放った。こういう人物が「改革」するというのだから、その結果は見るまでもないと誰もが思っている。

それよりも、なによりも重大な問題は、北朝鮮の武力威嚇に直面している韓国の安全保障である。文在寅大統領の公約の第四番目が「強力な安全保障」となっている。国の安全保障問題が十大公約の四番目になっているのもさることながら、いま韓国で問題になっているのはＴＨＡＡＤミサイル配備にまつわる、いわゆる「手続」である。ＴＨＡＡＤミサイル配備を国会で批准すべきだとするのが新政権の主張だ。

耐えかねた米国側が反論しだした。五月三十一日、文在寅大統領を訪問した米国民主党のディック・ダービン上院院内総務は、文大統領との会談後の記者会見で、「韓国がＴＨＡＡＤミサイル配備を希望しなければ、その予算（約九億ドル）をほかのところに回す」との趣旨の発言をしたと報じられた。青瓦台側は、「そういう発言は（会談速記録にも）なかった」と発表した。

しかし、新聞報道によれば、ダービン議員は、「私がもし韓国に住んでいれば、北朝鮮が戦争を挑発する場合、韓国に降り注ぐであろう数百発のミサイルから国民を保護するため、もっと多くのＴＨＡＡＤミサイル配備を願望するだろう」と記者団に述べたという。

ところが、文在寅大統領をはじめ韓国政府は、いまさらＴＨＡＡＤミサイル導入時の手順や手続を問題視している。最初に導入した発射機二基のほか四基の導入を国防部が青瓦台に報告していないとか、ＴＨＡＡＤミサイル配備問題は国会で論議すべきだとかの論戦に終始している。専門家によれば、ＴＨＡＡＤシステムは発射機六基でワンセットとなっていて、それをいちいち報告する必要があるのかとの疑問を投げかけている。

ＴＨＡＡＤミサイル配備以外にも、安全保障に関する問題は多い。国際連合をはじめとする国際社会での北朝鮮に対する制裁措置は、前例が見られないほど厳しい。先進七カ国会議でも、国連安保理事会でも、北朝鮮に友好的な中国、ロシアまでもが強い制裁に同調している。ところが、韓国だけがまったく逆の方向に走っている。報道によると、この五月末に米国政府は、北朝鮮人民軍の幹部らを含む強力な個人制裁を発表した。そのほぼ同じ時期に韓国政府は、THAADミサイル配備にブレーキをかけた一方、六月二日の民間団体八個の北朝鮮への出国を一斉に承認したのである。

これは明らかに米国に対する嫌がらせ以外のなにものでもない。文在寅大統領にとって国連の一連の決議や米国の対北強硬措置などは、なんの意味も持たないかに見える。彼にとって重要なのは、彼のかねてからの口癖の「祖国」北朝鮮との和解と統合なのだ。そのために彼は「闘争」している。米国のトランプ大統領や日本の安倍晋三首相には、文大統領の心情がわかるはずがない。

かつての自由民主主義を基盤とする大韓民国はいま、自由民主主義よりは民族主義的共産主義者グループによって占拠されているといっても過言ではない。彼らは自由民主主義国家として大韓民国を建国した李承晩大統領を憎む。その代わり、彼らはその大韓民国を「解放」するため武力南侵した北朝鮮の指導者である金日成を尊敬する。彼らは北朝鮮の野望を砕いたダグラス・マッカーサー元帥を「朝鮮統一の妨害者」として恨む。六月（二十五日、ユギオ）を北朝鮮軍の奇襲攻撃を受けた悲劇の日として韓国民が記憶していたのに代わって、彼らは六月を民主化闘争の勝利の日（一九八七年六月十日）として想起している。

このような文在寅政権の思惑は、その出帆から見せている姿勢からうかがい知ることができよう。THAADミサイルを撤去させ、弾道ミサイルに対してカバーのない駐韓米軍を撤収させ、究極的には韓米同盟を無力化させる魂胆が垣間見える。文大統領は就任早々、日米中ロなど周辺各国に特使を派遣した。米国には元中央日報会長で三星財閥のオーナー李健熙《イ・コンヒ》会長の義理の弟である洪錫炫《ホン・ソクヒョン》氏を派遣した。洪氏は単なる財界人ではなく、北朝鮮をたびたび訪れたり、盧武鉉大統領に媚びへつらって駐米大使に登用されたこともある。洪錫炫特使は、五月十六日にレックス・ティラーソン米国務長官と会見した。会談後の記者会見で洪特使は、「ティラーソン長官が（北朝鮮との対話のためには）、北朝鮮が核とミサイルの開発中止を行動で見せなければならない」と言明したと伝えた。

韓国では、「ティラーソン長官が対話の第一次条件として核とミサイルの実験の中断を前提とした」と報じられた。ところが、米国側は異例な反応を見せた。米国務省の傘下機関でもあるVOA（Voice of America＝アメリカの声放送）は、国務省スポークスマンの発言を引用し、「北朝鮮との対話の条件に関する米国の立場にはなんら変化がない」と伝えた。この放送は続いて、「北朝鮮との発展という目標は、もっぱら非核化と大量殺傷武器廃棄を通じてだけになされる」と付け加えた。対話の条件は、「核実験の中断」ではなく、完全な「破棄」だというのである。これは、洪特使（というより文在寅政権）が度を越して「対話」にだけ焦点を絞っていることに対し、不満と反感を表したものだと朝鮮日報のワシントン特派員は六月五日付同紙で論評した。

いずれにしても、文在寅政府の北朝鮮に対する基本的なスタンスは、国連決議がいかなるものであっても、「対話」が不変だといえよう。実際、五月二日（現地時間）の国連安全保障理事会は、新たな対北朝鮮決議案である決議案二三五六号を採択した。同じ日、国連駐在の韓国大使趙太烈《ジョ・テヨル》（音訳）氏は、「我々の究極的な目標は、北朝鮮が非核化のための協商（対話）のテーブルに戻るようにすることだ」と言明した。

まだ文在寅政権登場前の三月八日に趙太烈大使は、北朝鮮の挑発的な行為と関連してミキ・ヘイリー米大使と別所五郎日本大使との共同記者会見で、「今は（北朝鮮との）対話の時期ではない」と明言していたにもかかわらずである。おそらく文在寅政権が成立してから新たな政府訓令を受けたのであろう。

ＴＨＡＡＤミサイル配備問題にしろ、北朝鮮制裁問題にしろ、文在寅政権は北朝鮮に対する制裁はおろか、米国との同盟さえも考慮に入れない、あくまでも排外的な同族優先主義のワナにはまろうとしているのではないかと憂慮せざるをえない。

一九七五年、自由ベトナム最後の大統領であったズオン・ミン将軍は、共産主義者との「対話」を主張したが、降伏してしまった。さらに溯れば、一九二〇年代と三〇年代の国共合作の試みが中国国民党と蒋介石にとっていかに馬鹿げたことであったかは、改めて歴史的教訓として我々に教えている。韓国の第一九代大統領、文在寅氏はまさにあのような過ちを繰り返そうとしている。

そんな愚かな所業の主役は、共産主義者（というよりは金正恩）と同じ政治的発言、すなわち国家保安法撤廃や駐韓米軍撤収を唱えている「主思派《チユサパ》」（金日成の主体思想を信奉する集団）で固められている。その代表的な存在が一九八五年五月に米国大使館付属文化院に乱入して四日間にわたって占拠した任鐘晳《イム・ジヨンソク》であろう。彼は大統領の最側近の大統領秘書室長にすえられた。国立ソウル大学の左翼教授として広く知られる趙国《ジヨ・クツク》氏は、検察や司法府を統制する強力な権力を握る民情首席秘書官となった。財閥改革論者である高麗大学の張夏成《チヤン・ハソン》教授は、文大統領の思想を具体的に政策に反映させる政策室長に任命された。

これで文在寅大統領の親北・反米・反韓政策実現の基調は整えられたといえよう。

六月末にワシントンで開かれた韓米首脳会談は表向き友好的な雰囲気の中で行なわれた。韓国のマスコミはそれだけを報じた。しかし、文在寅大統領は同盟国の首脳にふさわしくない接待を受けた。例えば、彼が着いたワシントン空港には儀仗隊も公式の儀典官も出迎えなかった。冷遇であった。

六章　北が仕掛けた今日の混迷

統制の「北」、混乱の「南」

はるか上古の時代はさておき、たしかな記録に基づく韓国の歴史は、紀元前一九四年、中国の燕から朝鮮半島に亡命してきた王準が衛満朝鮮という国を肇めたとされる。(55)そして紀元前一〇七年、衛氏朝鮮は漢によって滅ぼされる。漢は朝鮮半島に、楽浪《らくろう》、臨屯《りんとん》、玄菟《げんと》、眞番《しんばん》の四郡を置いた。その後、新羅、高句麗、百済の三国鼎立の時代となり、八七一年に新羅が三国を統一した。次は九一九年から高麗、一三五二年から一九一〇年までが朝鮮王朝となる。

このように、少なくとも二〇〇〇年以上王朝が続いたわけである。そして三六年間の日本軍国主義による植民地支配、それから解放された一九四五年から三年間、北緯三八度線以南では米軍が、以北ではソ連軍が支配した。この双方は、それぞれの影響下において、それぞれの政治理念と体制をまねた政権を樹立させた。南には米国式自由民主主義体制下の大統領中心制国家が、北にはソビエト式共産主義政権が登場した。朝鮮半島の民衆にとって、どちらも慣れていない政治制度であった。しかし、長いあいだにわたって中央集権的な王制の下にあった民衆は、大統領や共産党総書記の君主的な支配にすぐ順応したのかもしれない。

第二次世界大戦の終結直後、北緯三八度線の以北に進駐してきたソ連軍は、すぐさま対南工作をはじめた。ソ連軍は日本がまだポツダム宣言を受諾していなかった一九四五年八月十日、朝鮮半島北部の清津に上陸していた。日本が降伏してから二カ月後の十月八日、ソ連軍が指導して北朝鮮五道（平安南・北道、咸鏡南・北道、黄海道）人民委員会代表者大会が開催され、五道臨時人民委員会が発足した[56]。

五道臨時人民委員会は、すぐに朝鮮共産党北朝鮮分局となった。そして極東ソ連軍第八八旅団の朝鮮系軍人、金成柱《キム・ソンジュ》（聖柱）大尉を幻の抗日闘争英雄としてあがめられていた金日成将軍に仕立て上げ、十月十四日には平壌の公設運動場に設けられた演壇上で、抗日独立運動の英雄として民衆に紹介された。

伝説的な金日成将軍に扮したこの男は、一九四六年八月に北朝鮮共産党の委員長となり、四九年六月には朴憲永を党首とする南朝鮮労働党と統合して朝鮮労働党を発足させた。以来、朝鮮労働党は明けても暮れても南朝鮮を革命化、赤化するため、あらゆる手段と方法を使った。一九五〇年六月からの朝鮮戦争はその最初の試みでもあった。

しかし、北におけるソビエト式の統制下では、せっかく解放されたというのにまた強権的な統治かと、インテリや地主などの中産階級は驚き反発した。そして彼らは南に逃れ、その数は五〇〇万人を下らなかった。そのおかげで北は、一糸不乱のソビエト式秩序が保たれ、経済の再建が可能になった。宗主国ソ連の世界支配政策と積極的な支援のもと、北朝鮮は軍事力を増強し続けていた。

その一方、南での自由民主主義の体制は、すぐに問題が生じて混乱した。共産党（朝鮮労働党）一党独裁下の北とは対照的に、南では五〇余の左右の政党が乱舞したのである。二章の七三頁で紹介したように、左翼政党や左傾の社会団体だけでも二〇余あり、その構成員はなんと八〇〇万人近くにもなった。(57) そして韓国人の七八パーセントが民主主義（資本主義）よりは、社会主義（共産主義）を選んだという。民主主義や自由競争よりも、平等的に思える社会主義を好むということであろう。

朝鮮労働党による執拗な対南工作

韓国の政治的・社会的な混乱というものは、私はもっぱら朝鮮労働党の工作によるものだと断言してはばからない。朝鮮労働党は諸悪の根源かつ重病の病巣なのである。ここで朝鮮労働党規約の一節を読んでみよう。

「朝鮮労働党の当面の目標は、共和国北半部で社会主義の完全なる勝利をなしとげ、全国的範囲で民族の解放と人民民主主義の革命課業を完遂するにある。（したがって我々の）最終目的は全社会の主体思想化と共産主義社会を建設することにある」

つまり、南朝鮮の共産主義化が彼らの最終目標なのである。次のようなくだりは、その目標達成のための手段であろう。

「……朝鮮労働党は南朝鮮で米帝国主義侵略軍隊を追い出し、植民地統治を清算するとともに日本軍国主義の再侵略企図を挫折させるための闘争を展開、南朝鮮人民の社会民主化と生存権闘争を積極支援することにより祖国を自主的・平和的に、民族大団結の原則のもと統一をなしとげ、国と民族の統一的発展のため闘争する」

なんとも「重言複言」の拙文であろうか。しかし、これが一九八〇年十月十三日、第六回党大会で改正された朝鮮労働党規約の一部である。「改正」とはいっても、大筋は従来と大同小異で、変わらないのは「南朝鮮の革命化・共産主義化」である。

北朝鮮は一九四五年にソビエト化されて以来、今まで夢にも忘れられないのが南朝鮮の共産主義化であった。その最初の試みが、一九五〇年六月二十五日の対南一斉攻撃であった。スターリンと毛沢東の支援のもと、金日成は南の虚を衝いて奇襲攻撃し、三日目の二十八日に首都ソウルの占領に成功した。しかし、すぐにも失敗した。米軍が介入したからであった。力つきた共産軍（北朝鮮軍と抗美援朝の中国軍）は休戦を提議、一九五三年七月二十七日に一旦は戦闘を停止した。しかし、金日成は諦めずに散発的なゲリラ戦を仕掛けた。にもかかわらず、韓国はつぶれなかった。

焦った金日成は、ようやく一つのアイディアに目覚めた。南の制度の利用だ。選挙制度、考試制度（公務員試験制度）に目を付けた金日成は、まず韓国の国会議員選挙を活用しはじめた。金日成は一九七四年四月、対南工作担当要員らとの会議を開いた。その席で話したとされる一部を次に紹介する。

「チリのアジェンデ政権の経験は、選挙を通じても政権を奪取することができるという十分な可能性を見せてくれた。アジェンデ政権が崩壊した原因は、選挙を通じて政権を握ったあと、あまりにも急進的に改革を急ぎ、クーデターを起こされたことにある」(59)。

そのあと金日成は、中道右派のレッテルを付けている韓国の有力な野党指導者、金大中を育成することになる。金大中は一九七一年四月、朴正熙との対決に敗れた直後、日本に渡って北朝鮮の支援を受ける「韓国民主回復統一促進国民会議（韓民統）」の議長に一九七三年八月十五日に就任する予定であった。ところがその直前の八月八日、東京で韓国中央情報部の要員に拉致された。

一九八〇年三月に日本で発行された『公安情報』（公安調査庁発行）は、次のような内容のレポート（韓民統の自主的平和統一論）を掲載している。

「本会議において韓民統代表が提案して決議された『朝鮮の自主的平和統一に関する声明』は従来、北朝鮮が提唱してきた『祖国統一のための三大原則、五大方針』をほぼそのまま採用したものであり、北朝鮮との同一歩調傾向を示す動向として注目された」(60)

金大中氏が拉致されたあとの一九七五年四月、自民党の宇都宮徳馬議員が平壌に行き、金日成と会談をした。別れ際、金日成は宇都宮に金大中に渡すようにと「封筒」を付託されたと、宇都宮自身が語ったことがある。(61) 彼は付託された封筒の中身を明らかにしなかったが、金日成の親書か小切手か、それともその両方かと推察するしかない。その封筒は在日朝鮮人で「原」という日本名の不動産業者に預けられ、一九九八年二月に金大中が大統領に就任する直前、使者P氏が日本に行って受け取ったとされる。

また、金大中氏は一九六一年以来数回、国会議員選挙に出馬したが、一九六八年に木浦《モッポ》で立候補した時の選挙事務長が、のちほど間諜として検挙された崔永道《チエ・ヨンド》という人物であった。鄭泰黙《チョン・テムク》という北朝鮮のスパイも金大中の側近参謀であった。このように、北朝鮮が韓国の選挙を利用して、制度圏内に多くのブラックチ（活動家）を浸透させたふしは多数ある。金大中はその典型だといえよう。

巧妙かつ陰険な司法への工作

選挙の利用の次に金日成が重視したのは、司法制度であった。韓国では司法考試にパスすれば、司法研修院で二年の課程を修了して判事に任用される。司法考試は年に一回行なわれ、現職の判事は二〇〇〇人ほどである。金日成は一九七三年四月、対南工作担当要員らとの対話で次のように言及した。

「……頭が良くて、しっかりしている子はデモに駆り出さず、考試準備をさせるようにしなくてはならない。一〇人を準備させて一人だけ合格したとしても、所期の目的は達成される。だから各級地下党組織は対象をしっかり選抜して、彼らがなんの心配もなく考試勉強にだけ専念することができるように物心両面から積極的に支援すべきである[62]」

韓国には、「考試院《コシウォン》」という私設の考試受験生のための塾が全国いたるところにある。ソウルで漢江の人道橋を渡ると鷺梁津《ノリャンジン》という町だが、ここは軒並み考試院で「考試村」とも呼ばれている。金日成のいう各級地下党組織は、一九七〇年代後半から考試受験生のための物心両面からの積極的な支援を行なう活動をはじめた。八〇年代に入ると、朝鮮労働党は考試院の運営資金を送るようになった。

主にソウル地域だが、地下党組織は資金を出して施設を新築し、考試院を開くこともあった。ターゲットは、頭が良くて貧しい考試受験生であった。一説によると、年平均六〜七人の考試合格者がこの援助を受けているといわれ、彼らを「金日成奨学生」と呼ぶようにもなった。パルチザンやスパイ容疑で有罪判決を受けた人々の大部分が、再審請求をして無罪になるケースが多いが、これは金日成の奨学金で生まれた判事によるものだというのが韓国では定説になっている。

韓国人は自由より平等を好み、特権を嫌悪して排除しようとしながらも、実はその特権を熱烈に追求する。司法考試、行政考試の競争率が数百倍、ときには千倍を超えるのも、韓国人の特権追求欲がいかに強烈なのかを裏付けている。しかし、いくら勉強して一〇回も考試に挑戦しても落第するのが常だ。韓国では高級公務員、検事や判事になれる者は、針の目を通ったラクダのような選び抜かれたエリートなのだ。

エリートになれなかった大多数の者は、エリートへの羨望が憎悪に変わる。そしてすぐに自由競争社会に見切りをつけ、資本主義体制そのものに嫌悪感を抱くようになる。平等な社会、それは社会主義の社会ではなかろうかという考え方に傾く。多くの韓国の青少年は、このような道をたどるのではないだろうか。これは司法への工作の副産物であり、韓国社会を根底から揺るがす要因ともなっている。

さて司法を握っての効果は、それだけではない。韓国には国家有功者報償制度がある。朝鮮戦争とかベトナム戦争の参戦者には、一定の年金が支払われている。朝鮮戦争の参戦者である筆者も、月二五万ウォンをもらっている。現在、この受給者は一三万人たらずといわれている。ところが、金大中政権時代の二〇〇〇年一月に「民主化運動関連者名誉回復及び補償等に関する法律（民主化補償法）」なるものが制定、公布された。その主な対象は五・一八事態（光州事件）の関連者であった。

さらなる問題は、この民主化有功者には反国家勢力も堂々とその列に並んでいることである。最近、ＳＮＳでは「金日成主体思想を盲従する従北団体、あるいは明白な違法、危険性が証明された反国家勢力にまで国家の補償金が支払われている」との批判がのっていた。

その代表的な例が、朴槿恵政権によって解散させられた統合進歩党の李石基である。彼は二〇〇三年に民族民主革命党事件でソウル高裁から懲役二年六カ月の判決を言い渡された。この党は労働者や農民の地下前衛党で、北朝鮮との連携が証明されている。ところが彼は、有罪判決から五カ月後、盧武鉉政権による八・一五（解放）記念特赦によって釈放され、あろうことか民主化有功者にくわえられたのである。これは数百件以上もあるケースの一例にすぎない。司法が極端に左傾化していなければ考えられないことである。

北朝鮮の指令を受けて活動する諸団体

要するに、北の朝鮮労働党は韓国の統治機構のいたるところに深く浸透し、韓国の政治、社会、文化、芸術界を攪乱しているということである。朴槿恵大統領弾劾は、まさにその延長線上にあり、北朝鮮の攪乱戦術の一環と見て間違いない。

このように朝鮮労働党は、韓国にとって諸悪の根源であるといえよう。韓国の自由民主主義体制を維持するためには、朝鮮労働党の消滅が必須である。ところが、その指令によって動かされている個人や政党、それに全教組とか民労総などの社会団体、参与連帯とか経実連などの市民団体、天主教正義具現司祭団という名の宗教団体……これらは北朝鮮が提供する高麗航空の専用機で平壌に赴き、対南工作の指令を直接受けるなど、手に負えないありさまである。

なぜ宗教団体までが、極端な唯物主義の北朝鮮に加担するのか、これは日本人の多くが理解に苦しむところだと思う。韓国のキリスト教、そのなかでも長老教会には進歩的な信者が多いとされる。特に朴正熙政権の末期、「維新」反対のため世界キリスト教委員会（WCC）と連携して活動したのがこの長老教会で、この時、北朝鮮の第五列が多く浸透したと思われている。

北朝鮮の対南工作当局が韓国のキリスト教会に目を付けはじめたのは、一九七四年頃だった。この年の四月に金日成は対南工作要員との談話で、次のように語ったとされる。

「南朝鮮に行って最も潜り込みやすいところがどこかといえば、それは教会だ。教会には履歴書や身分証明書がなくても、いくらでも入ることができ、ただ聖書だけを抱えてまめに通って献金でも多くすれば、誰でも信任されることができる。いったん、このように信任を得て、彼らのご機嫌をとりながらエサをうまく投げれば、神父、牧師をいくらでも抱き込むことができる」

これ以降、金日成の目論みどおり多くの神父や牧師が「エサに引っ掛かった」といえよう。そのなかでも顕著な活動を繰り広げているのはカトリック教会だ。現在、全国的な組織をもって公然と反韓、反米、親北活動をしている団体は、天主教正義具現カトリック司祭団と天主教人権委員会とがある。彼らは二〇〇六年、一五〇人余の親北左翼団体とともに北朝鮮が提供する高麗航空で平壌を訪れ、十数日滞在したことがある。北朝鮮が航空機を出して一五〇人も平壊に送り、十数日も優遇したからには、それ相当の目的があるはずである。このような聖職者がいるとなれば、韓国のキリスト教徒一〇〇〇万人にかなりの影響を及ぼしていると見なければならない。

朝鮮労働党と金日成は、南朝鮮革命のために戦争を起こしながらも、「平和的対南攻勢」も並行させた。そのために朝鮮労働党内に設けたのが「統一戦線部」であった。この統一戦線部は、朝鮮戦争以前から現在にいたるまで、韓国国内で活発に動き続けている。『金日成の秘密教示』の著者、故金東赫《キム・トンヒョク》氏は元北朝鮮の幹部工作員であった。彼は朝鮮戦争中の一九五一年一月、北朝鮮軍に駆り出され、北に行ってから数十回も南派された。彼が韓国国内で数多くの工作に携わった経験を小説化した『音なき戦争』という本がある。以下は、その内容の一部である。

金東赫氏のように練達した間諜にとっては、休戦ライン沿いの鉄条網や地雷原をくぐり抜けることなど、朝飯前の容易なことなのだそうだ。対南工作のための南派工作員は、主に南に縁故がある人、つまり南朝鮮出身者だ。朝鮮戦争のため南北に離散した人は、一〇〇〇万人を数え、その半分が北で暮らしている。彼らには南に父母をはじめ親類縁者がいる。統一戦線部は、日常的にそれら親類縁者を探し、南派工作員との連携を図る。『音なき戦争』によると、全羅南道の離島出身の南派間諜は、故郷を離れて一一年目の一九六一年、突然現れて叔父を説得して北朝鮮に連れて行ったという。

韓国には二種類の間諜が蠢《うごめ》いている。その一は南派間諜、その二は固定間諜と呼ばれるものだ。前者は南に縁故をもつ人を訓練して南に浸透、工作を繰り広げる。後者は南に居住しながら北の指令によって動く。固定間諜には学生や労働者もいるが、政府の高官や企業経営者も含まれている。この企業経営者らの主な役割は、工作員に資金を提供することにある。前述した予備校の考試院の建設経費や運営資金も、このようにして調達されている。

朝鮮戦争前の一九四八年四月、金日成は「南北政党・社会団体連合会議」を招集した。これには、南の反李承晩勢力が参加した。李承晩は一九四六年と四七年、二回にわたってソウルで開かれた米ソ共同委員会が決裂した直後、南での単独政府樹立を宣言した。これに反対する金九、金奎植《キム・キュシク》ら反李承晩のリーダーたちは、金日成の呼び掛けに応じて平壌での南北会議に参加したのである。

このように最初から南の左翼勢力を動かしたのが、朝鮮労働党内の統一戦線部であった。この指令によって動く韓国国内での組織としては、「民主主義民族戦線」（民戦）なるものがある。この組織は、名前は知られているものの、その実態は誰も知らない。しかし、民戦は今現在も厖大な傘下組織を動かしている、韓国における見えないコントロール・タワー、影の参謀本部の役割を演じている。

民戦は見えないが、その傘下には目に見える組織もある。「民主主義民族統一全国連合」（全国連合）がその一つである。これは野戦軍司令部ともいえるもので、韓国国内での左翼運動に多大な影響を及ぼしている。大きな影響力のあるもう一つの野戦軍司令部が「祖国統一汎民族連合南側本部」(汎民連南側本部)という団体だ。

この二つの団体とは、一応は別ながら密接に連携しながら活動しているのが、「汎青学連南側本部」、「統一連帯」、「全国農民会総連盟」(全農)、「全国教職員労働組合」(全教組)、「民主労働組合総連盟」(民労総)などである。二〇一六年十一月以来、毎週末に光化門広場では大規模なデモが繰り広げられていたが、上記七つの団体が主軸になっている。ここでは、まず「全国連合」と「汎民連南側本部」に焦点を絞ることにする。なぜならば、この二つの組織が韓国で長いあいだ、反政府運動に最大の影響力を及ぼしているからである。続いて問題になっている諸団体を紹介する。

[民主主義民族統一全国連合](全国連合)

朝鮮労働党が韓国国内にもうけた最大の組織が、この全国連合となる。この組織は、盧泰愚政権末期の一九九一年から金泳三政権出帆の九三年頃にかけて表面にあらわれた。彼らの掲げるモットーは三つである。第一は国家保安法撤廃、第二は駐韓米軍撤収、そして第三は連邦制統一となっている。

全国連合の活動は華々しく表舞台に突出することは非常に稀で、地下で見え隠れすることが多い。組織が創建されて以来、最も目立った活動は、二〇〇一年九月二十二~二十三日に忠清北道槐山《コエサン》郡ボラム院修練所で開かれた「民族民主戦線働き手前進大会」であった。ここで全国連合は、「三年計画、一〇年の展望、広範な民族民主戦線政党を建設し自主的民主政府を樹立して連邦統一祖国を建設しよう」と決議した。これを「九月テーゼ」または「君子山《クンジャサン》の約束」と呼んでいる。

この公約を実現するために組織の幹部らは、制度圏内の合法的な政党に進出することを計画した。全国連合の常任指導委員、共同議長でもあった千永世《チョン・ヨンセ》は、朴槿恵政権によって解散させられた統一進歩党の前身である民主労働党に入って国会議員になった。彼以外にも、全国連合代議員の姜基甲《カン・キカップ》は民主労働党所属の国会議員、全国連合常任指導者の金祥根《キム・サンクン》は法務部監査委員会委員長にまでなった。

全国連合は、大韓民国当局に登録あるいは認定された合法的団体でないにもかかわらず、韓国国内の政府やそのほかの制度圏内に堂々と座を占めた。このようなことには前例がある。一九六〇年代末、朝鮮労働党は統一革命党という地下党を韓国内に創設した。数多くの知識人がこれにくわわった。大学生や大学教授、新聞記者などがその主流であり、彼らは北朝鮮の指令で動かされていた。

ところが、一九六八年に彼らは一斉検挙で一網打尽にされた。しかし、北朝鮮は統一革命党の残存分子をほうってはおかなかった。すぐに朝鮮労働党は、南朝鮮民族解放戦線（南民戦）なるものを組織した。彼らの活動は活発だった。そのなかの一人、李在五《イ・ジェオ》は与党ハンナラ党

[北朝鮮の対南工作機関]

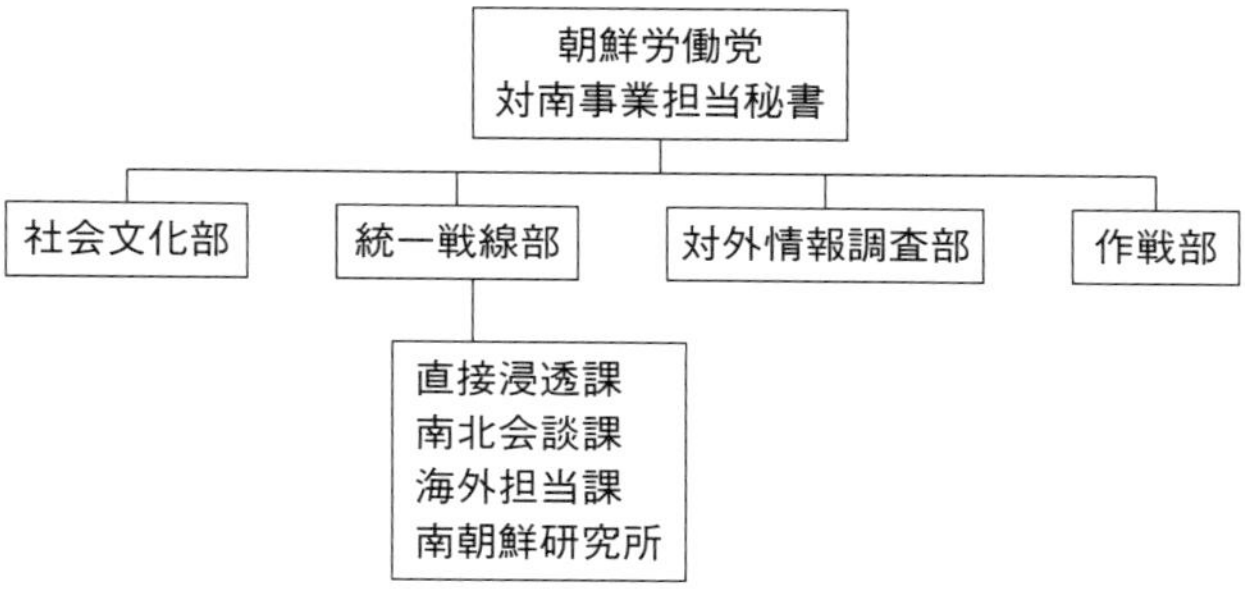

[統一戦線体系の概略]

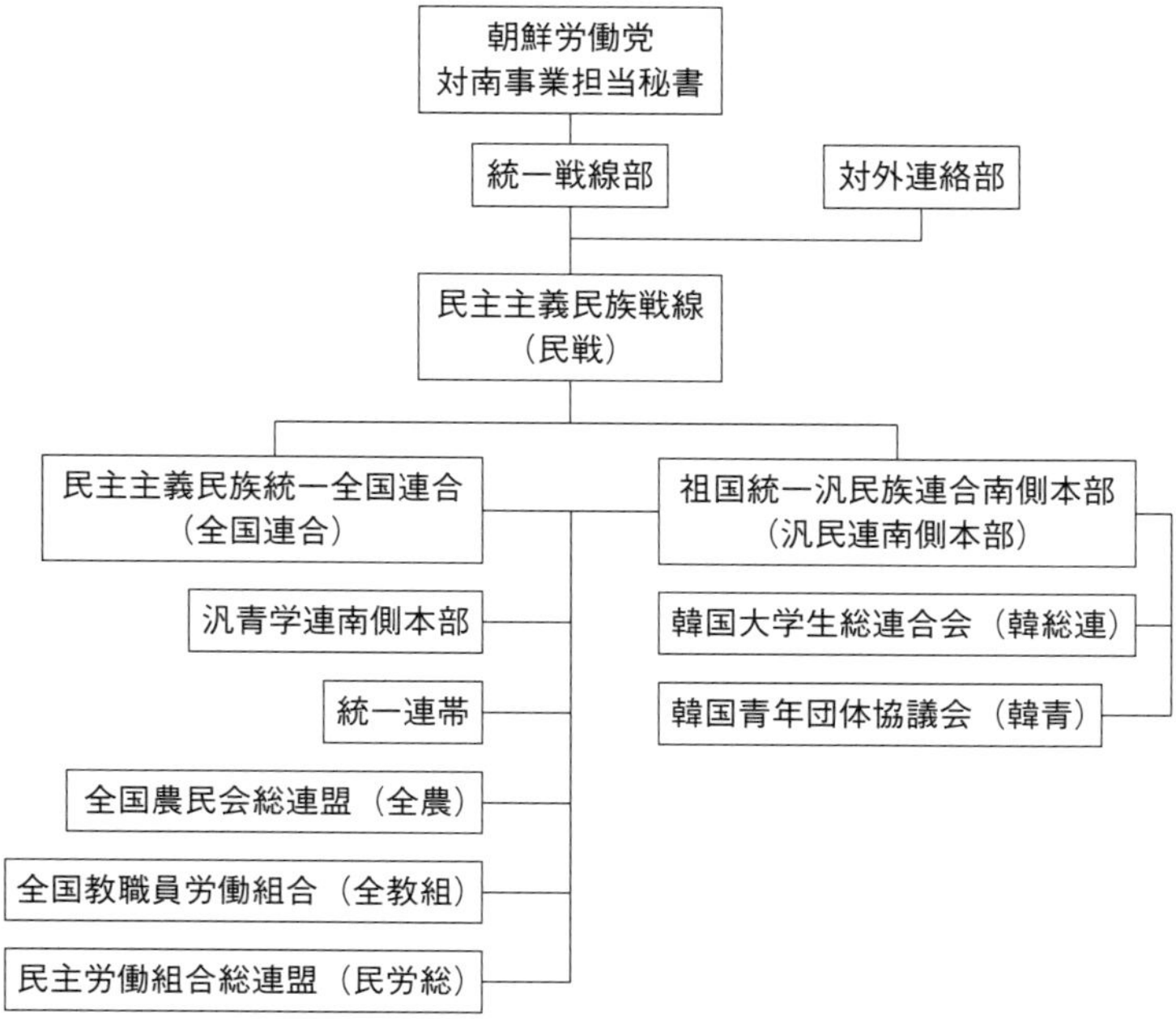

（現自由韓国党）の重鎮議員として李明博前大統領の最側近であった。

つまり全国連合は、当初は地下で組織され、二十数年のあいだに、政権の中枢にまで忍び込んだのである。今、韓国政界で強力な発言権を行使している一人である三選議員の禹相虎《ウ・サンホ》院内代表は、全国連合の副代弁人（スポークスマン）だった。そのほか金錦洙《キム・クムス》司法制度改革推進委員、李昌馥《イ・チャンボク》京畿大学官選理事長、カトリック神父の咸世雄《ハム・セウン》民主化運動記念事業会理事長などなど、これ皆、全国連合の出身である。制度圏または政府機構で重責を担っているが、実質的には朝鮮労働党党員の者は数百人を数える。

全国連合も発足して四半世紀がたつ。その活動も目的がある程度達成されたからか、やや下火に見える。韓国国内における朝鮮労働党の活動に詳しい金成昱《キム・ソンウク》氏は、その著書で次のように述べている[63]。

「全国連合は一九九一年出帆以来、国内反米団体の求心点としての役割を演じてきた。しかし、全国連合は組織を解消し、進歩陣営が総網羅された『単一連合戦線体』に衣替えしようとしている。公安機関の観測によれば、現在一〇〇以上に分散乱立している反米団体を『自主統一民衆連合』または『全国進歩連合』などの名で統合するという」

［祖国統一汎民族連合南側本部］（汎民連）

これも韓国にとって反国家集団、利敵団体の一つである。金大中大統領が史上初めて平壌に飛び、金正日と会談した二〇〇〇年六月から五カ月目になる十一月二十日、平壌では汎民連結成一五周年祝賀大会が開かれた。汎民連は一九八〇年代後半から、南側本部推進委員会が組織されたが、韓国の司法府がこれを反国家団体との判決を下したため、一九九〇年に地下組織化に着手した。では、「南側本部」に対する「北側本部」は、いつどこで生まれたのか誰も知らない幻のような存在である。

しかし、北朝鮮当局は南側本部を指して「愛国統一運動組織」とたたえている。推測するに「北側本部」の実体は、朝鮮労働党統一戦線部、もしくは「祖国平和統一委員会（祖平統）」というその傘下の民間団体なのかもしれない。その性格と活動内容は、二〇〇五年六月十三日に発表された声明を見たらわかる。次はその一部である。

「祖国統一汎民族連合は、米国をはじめとする反統一勢力のファッショ暴圧と対北敵対政策をまともに受け、南・北・海外の三者連帯、民族の大団結、連共、連北の道を実践して繰り広げてきた……六・一五共同宣言（二〇〇〇年六月十五日、平壌で合意された南北国家連合・連邦制案）が発表されて五年、世界は先軍（北朝鮮の軍優先政策）、自主の威力に驚異を表し、我が民族の前途は昂揚の方向に変わった」

また、汎民連南側本部はそのホーム・ページを通じて、韓国大学生総連合会（韓総連）や韓国青年団体協議会（韓青）などの傘下団体を紹介している。これらは今から三十数年前、すでに反国家利敵団体との判決が大法院から下されている。にもかかわらず、彼らは汎民連南側本部と同じく、組織を維持しつつ、国家保安法撤廃、駐韓米軍撤収、連邦制統一を唱えている。

特に韓総連は二〇〇六年二月、いわゆる韓総連総路線最終案を確定、発表した。それによると彼らは、「連邦統一祖国建設の主力軍」であるとし、そのための反米闘争の基本方向を駐韓米軍撤収闘争に合わせていかなければならないと誓った。韓総連はまた、「北韓は政治、思想、軍事の分野においてすでに世界最強国の班列にあがっている。独特の社会主義文化を花咲かせている北韓は、今や経済分野においてのみ飛躍したら、社会主義強勢大国として花咲かせる確信に満ちている」と高言している。

【全国教職員労働組合】（全教組）

長き将来を考えれば、まず教育であるから、この全教組は韓国にとって最大の病根といえよう。韓国の小学校、中学校、高等学校には、「契機（共同）教育」というものがある。労働節（五月一日）とか休戦記念日（七月二十七日）などの機会に、労働とか休戦に関する特別教育を行なう。これには全教組に所属する教師の全員が参加して共同学習の形をとる。例えば労働節の契機教育は、つぎのような内容を強調する。

「京釜高速国道は、誰が建設したのでしょうか。教科書には朴正熙の名前が登場します。しかし、朴正熙が自分の手で掘削機を動かしたのでしょうか、汗を流しながらアスファルトを敷いたのでしょうか」。「奈良の大仏は、誰が作ったか」、正解「大工さん」のたぐいの話だが、これを本気で教えている。

契機教育の場で全教組の教師は、反体制、反企業、反資本、反市場経済を煽る。労働者の権利は強調されているけれども、企業は労働者を収奪する集団であって、労働者の憎悪の対象以外のなにものでもないと強調して教え込もうとする。

また、全教組が主宰する体験学習というものもある。統一体験学習、パルチザン追慕祭参加学習もある。二〇〇五年五月、全羅北道の淳昌《スンチャン》に華文山《クァムンサン》という山がある。全教組の教師たちは近所の光川《クワンチョン》中学校の生徒一八〇人を山の麓に集めた。「南方の統一愛国烈士追慕祭」のためであった。生徒たちは、ここで北朝鮮のためにパルチザン活動をして「散華」した「愛国者たち」がいかに英雄的な戦闘の末、死をとげたのかを学ぶ。

全教組は一九八七年、民主教育推進全国教師協議会として出帆した。現在の名称になったのは一九八九年五月二十八日であった。組合員数のピークは、一九九〇年代の四〇万人内外であったが、一九八八年から九一年まで文教部長官だった鄭元植《チョン・ウォンシク》氏は保守反共的で、一時全教組を非合法化して解体したこともあり、その勢いは下火となった。ところが一九九八年に金大中が大統領に就任すると、全教組は華々しく返り咲いた。それでもその伸び率は鈍化しており、現在の組合員数は六万人内外とされている。

だが、その六万人の教師の影響力は、偏向した教科書とあいまって実に強大なものだと言わざるをえない。全教組による教育を受けた現在五〇歳代以下の韓国人は、反日、反米、反韓の傾向が濃いといえよう。はなはだしくは、陸軍士官学校入校生のおよそ三四パーセントが、朝鮮戦争を仕掛けたのは北朝鮮ではなく、米国だと信じているとの統計すらあるほどだ。

二〇一七年五月九日の大統領選挙で当選した文在寅氏の過激で守られなかった公約の一つが、「大統領になったらまっさきに北韓に行く。米国を最初に訪問しなければならないという法でもあるのか」だった。彼は国家よりも民族を先にする韓国人の情緒に迎合している。北朝鮮は韓国の同盟国、米国を民族解放戦争の妨害者とし、外勢(すなわち米国)排除を第一義と学校で教えているのだから、文在寅はまさにその追随者である。

現在、全教組の構成員は、教職員全体四〇万人の一五パーセントほどである。しかし、韓国の学校で採用している八種類の教科書のうち五種類は「憲法と事実関係、公正性に欠く反韓的階級史観」に基づく内容だという(64)。教科書の内容だが、韓国に関しては縮小または省略か歪曲、北朝鮮に関しては誇張または虚偽だ。次はその一例である。

・韓国政府樹立＝「大韓民国政府が樹立された」だけで以下の説明はない。

・北朝鮮政府樹立＝「北韓、政府を樹立する。北韓は南韓で総選挙が実施されると、すぐに政府を樹立した。八月二十五日、南北人口比率による最高人民会議代議員を選ぶ選挙を実施した。北韓と南韓で選挙により選ばれた代議員たちは一九四八年九月、最高人民会議を開き憲法を制定し、金日成を首相に選出した。九月九日には内閣を構成し、朝鮮民主主義人民共和国樹立を宣布した(65)」

この北朝鮮政府樹立の経緯は、歴史的事実に基づいていない。韓国での総選挙は一九四八年五月十日に実施され、すぐに北は政府を樹立したわけではない。それはともかく、自国の大きな出来事を一行で済ませ、北については細かく説明する姿勢はいかがなものか。こんなことが許されてよいのかと、耐えかねた朴槿恵政権は、各級学校で使われている教科書の虚偽と歪曲を取り除く作業に取り掛かった。その結果が国定教科書である。この措置に対する反発はものすごいものであった。二〇一六年十月下旬から、ソウルの中心部、光化門の広場には毎週末に動員された若い男女が集まり、大統領府の青瓦台付近まで怒濤のように押し寄せた。

韓国の司法府は、デモ隊が青瓦台の一〇〇メートルまでの接近はかまわないとの有権解釈をくだした。しかし、警察がバスを並べて構築した防護壁の一部は、デモ隊によって焼き打ちされた。この過激なデモ隊を動員しているのは、後述する民労総など、従北左翼の市民団体である。北朝鮮の労働新聞は連日、彼らのデモや、デモを誇大に報道している韓国のマスコミをたたえていた。

[民主労働組合総連盟]（民労総）

全教組が日本の日教組に似た組織ならば、民労総は一昔前の日本の総評だといえるだろう。ただ、日教組や総評とは似て而して非ずの面は、全教組と民労総にはその背後に強力かつ戦闘的な支援組織があるということであろう。

朝鮮労働党は、まぎれもなく民労総の強力な支援組織である。朝鮮労働党は、主に二大傘下組織を韓国国内で運営している。その一つが統一戦線部であり、もう一つは内閣と連携して動く対外連絡部、一名「二二五局」とも呼ばれている。

統一戦線部の要員は、平素から韓国とまったく同じ生活環境で暮らしているという。最近、脱北して越南した張某という統一戦線部の元幹部によると、例えば特定の新聞社の記者、南大門市場の商人になりきり、北朝鮮で生活するのだそうだ。そういう訓練を受けてきた人ならば、韓国に潜入してすぐにも社会に溶け込める。そのような工作員は、韓国国内のさまざまな組織や団体に浸透して活動している。

十数年前、檀国《タングック》大学の政治学科にフィリピン人そっくりの外来教授がいた。彼はムハマド・カンスと名乗っていた。もちろん偽名だ。本名は鄭守一《チョン・スイル》。この工作員は一〇年ものあいだ、大学教授として韓国社会の中枢で間諜として活動していたという。そのような人物は、韓国国内のいたるところに潜んでいる。学界、言論界、労働界はもちろん、行政府、司法府、立法府にも小石のようにころがっている。

彼らの工作の共通項は、国家保安法撤廃、駐韓米軍撤収、平和体制構築、最近ではTHAADミサイル配備反対などだ。全教組や民労総はその先頭に立っている。

民労総は、組合員数七〇万人内外の韓国最大の労働団体だ。民労総は、露骨に北朝鮮を支持する統合進歩党（二〇一一年十二月六日創党、一六年に解散）の前身である民主労働党（二〇〇〇年一月三十日創党）が種で、その花が咲いたともいえる。民労総の初代委員長であった権永吉《ゴン・ヨンキル》は、一九九七年の第一五代大統領選挙の際、国民勝利党を創党し、その候補になったこともある。その時、彼は「私はパルチザンの息子」と堂々と名乗った。

さて、この民労総は名前こそ「労」が入ってはいるものの、今まで労働関連の活動をほとんど行なっていない。その主な活動をあげると、国家保安法廃止国民連帯、（盧武鉉大統領の）弾劾無効汎国民行動、狂牛病国民対策会議、韓米ＦＴＡ阻止汎国民運動本部、平沢米軍基地拡張阻止汎国民対策委員会などなど、政治活動だけに専念している。労働問題に関与するにしても、大企業の労使紛争が起きれば調停に乗り出すことなく、組合員に対して暴力を煽るのが常である。民労総が掲げる「平和体制実現」とは、北朝鮮が常時唱えている宣伝文句をそのままコピーしただけのことである。

民労総の委員長をした李壽鎬《イ・スホ》（音訳）という人物は、全教組の委員長や民労党の最高委員の肩書も持ったことがある反韓、反米、親北人士の代表的存在である。また、民労総の委員長であった人物が野党の民主党の党籍をとったりすることもあった。

民労総に加盟している傘下組織は一六個である。そのなかで最大かつ最も激烈な活動を繰り広げているのは、全国言論労働組合連合（言労連）と全国公務員労働組合（全公労）であろう。マスコミ関係者が極端に反体制的で、公務員が反政府的な国は、おそらく世界に類例がないと思われる。そんな存在がありえる最大の理由はほかにない。朝鮮労働党との連携があるからこそ、公務員が反政府、言論界が反体制になるのである。

従北・左傾人士と諸団体のリスト

このような団体に参加して活動する彼らには、もし赤化統一となれば、実をいうと真っ先に強制収容され強制労役、拷問、飢餓、そして死が待っていることを彼らは知らない。韓国で磨きあげた知識人であるがゆえに、彼らは不可避的にそのコースをたどらざるをえないのである。

一九七五年に滅亡したベトナム共和国のかつての反政府、反体制の学生指導者たちが強制収容所で飢え死に寸前の状態に直面した。彼らは「食わせろ」と抗議した。すると警備にあたっていたベトナム共産党の一兵士がいった。「我々が地下の洞窟で食わず飲めずの状態で侵略米軍と血なまぐさい戦闘をしていた時、お前たちは十分に食べていただろう。もうちょっと飢えてみるがよい」。同じ収容所で五年間も忍苦をしいられ、国際社会の努力と援助で釈放され、一命を救われた李大鎔《イ・テヨン》元駐ベトナム公使の証言である。

このような事実を知ってか、知らずか、韓国にはまだまだ共産主義がどんなものであるか知ろうともしない、目を覚まさない人と組織が実に旺盛に動きまわっている。そこで、このような組織に参加している人たちと、そのような傾向の組織を列挙しておく。もし日本人がこのような人や組織と接触した時、なんらかの参考になることを願っている。なお、この多くは金成昱氏の著作『大韓民国のブラック・リスト』からによる（順不同）。

・**韓明淑**《ハン・ミョンスク》＝盧武鉉政権下の国務総理。反体制牧師で金大中の顧問役を務めた故姜元龍《カン・ウォンヨン》が設立したクリスチャン・アカデミーが、ソウル市西北郊外の牛耳洞《ウイドン》というところにあった。大学教授や政治家のなかには、ここで教育を受けた人も多く、韓明淑もその一人である。彼女はそのアカデミーで夫になる聖公会大学教授の朴聖秀《パク・ソンス》に出会う。この二人は熱烈な反朴正熙、反体制、親北、反韓、反米人士として知られる。韓明淑は盧武鉉政権下で国務総理を務めたが、建設業者から九億ウォンを総理官邸で受け取った容疑で有罪判決を受け、現在服役中である。

・**李海瓚**《イ・ヘチャン》＝盧武鉉政権下で教育部長官、国務総理、民主統合党代表を歴任、七選議員。現在は「共に民主党」ソウル特別市党委員長を務めている。思想的には先鋭的な社会主義者として広く知られている。

・**文在寅**＝盧武鉉元大統領秘書室長、第一八回大統領選挙で落選、第一九回大統領選挙で当選。前述したように二〇〇六年に国連で北朝鮮人権決議案の採択が行なわれた際、韓国の態度を決めるため北朝鮮の意向を問い合わせるよう強く主張したのは、秘書室長だった文在寅だった。これはまるで、国際連盟にヒトラー糾弾決議案が提出され、イギリスがこれに賛成するべきか、反対するべきか、チャーチルがヒトラーに問い合わせるようなとんでもない話だった。文在寅とは、そのような突出した従北主義者なのである。

・鄭東泳＝文化放送（ＭＢＣ）の記者出身、盧武鉉政権下で統一部長官を務めており、生粋の社会主義者として知られる。二〇〇三年の大統領選挙の直前、鄭東泳は北朝鮮を訪問、金正日国防委員長と会談したが、その内容については一切明らかになっていない。そして第一七回大統領選挙では、五〇〇万票もの大差で保守派の李明博に敗れている。

・朴元淳＝元「参与連帯」の委員長で、現在は民選ソウル市長の二期目を務めており、第一九代大統領を目指したが中途で立候補を断念し、次期大統領を狙っているとも語られている。彼はソウル市長として、都心の中央庁舎に常時、太極旗（国旗）を掲げようという政府の施策を阻止している。韓国海軍の哨戒艦「天安」が北朝鮮の奇襲魚雷攻撃で撃沈されても、これは北朝鮮の攻撃ではないと国連に訴える書簡を出すほど極端な反韓姿勢が目立ち、従北勢力等の評価がもっぱらである。

ソウル市長に当選する前、朴元淳は左翼市民団体の「参与連帯」の事務総長や委員長を務めていた。一九八〇年代初頭から、小株主の利益を保護するとの名分で大企業の株主総会に出席、企業統治のあり方や世襲人事を追求した。また彼は、「美しい財団」や「美しい店」（中古衣類雑貨ショップ）などを営んでいる。「美しい財団」には数千億ウォンから兆規模の献金や寄付が蓄積され、「美しい店」は全国で二三〇ものチェーン店があるとされる。これは大統領選挙に備えた地区党経営だとの噂がもっぱらである。巧言令色かつ融通無礙な言動で知られ、これと潤沢な政治資金をもって彼は二度もソウル市長の座をものにした。ソウル市内の地下鉄やバス停は、市長としての自分の功績を宣伝するポスターだらけとなっている。
・禹相虎《ウ・サンホ》＝「共に民主党」院内代表。
・朴智元《パク・チウォン》＝金大中元大統領秘書室長、国会議員。
・韓完相《ハン・ウンサン》＝もとをただせば金大中氏の側近だが、金泳三政権下で統一院長官（副総理兼務）を務めている。本職は政治学者である。
・白楽晴《ペク・ナクチョン》＝医者の家系のブルジョアでありながら、極左運動圏の代父といわれる。元ソウル大学教授で、一九六〇年代後半から日本の月刊誌「世界」によく似た「創作と批評」を発刊している。現在、「共に民主党」や在野政治勢力に大きな影響力を有している。
・任鍾哲《イム・ジョンソク》＝民主統合党、統合民主党、大統合民主党、「開かれた我が党（ヨルリンウリ党）」、民主党、「共に民主党」と変転きわまりない野党で国会議員や院内副総務などを務めており、ソウル市政務担当副市長を経て現在、大統領秘書室長。盧武鉉、文在寅の系統で知られている。一九八五年五月、任鍾哲は米国大使館付属文化院に乱入して四日間占拠した左翼学生の筆頭として有名になった。
・林秀景《イム・スキョン》＝国会議員。韓総連所属大学生代表の資格で北朝鮮に不法入国、歓迎されて広く知られるようになった。
・丁世均《チョン・セキョン》＝盧武鉉与党院内代表、国会議長、六選議員、現国会議長。ソウルの中心街、鍾路区から国会議員選挙に出馬、対抗馬のソウル市長に圧勝した。

・千永世《チョン・ヨンセ》＝民主主義民族統一全国連合の常任指導委員、共同議長を歴任。民主労働党所属の国会議員で院内代表を務めている。

・秋美愛《チュ・ミエ》＝弁護士出身で「共に民主党」代表となっている。

・朴映宣《パク・ヨンソン》＝文化放送（ＭＢＣ）記者出身。元民主党の代弁人を務め、現在は国会議員。

・宋栄吉《ソン・ヨンキル》＝元仁川市長、国会議員。

・権垠姫《ゴン・ウンヒ》＝元ソウル松坡警察署捜査課長、国会議員。

・薛勲《ソル・フン》＝一九九七年十二月の大統領選挙で、執拗なネガティブキャンペーンを行ない、李會昌候補落選を導いたことで知られる。現在国会議員。

・沈相奵《シム・サンジョン》＝正義党代表、左翼労働運動家。

・表蒼園《ピョ・チャンウオン》＝元警察大学教授、国会議員。朴槿恵大統領裸身パロディーを展示し、人権侵害問題まで引き起こした。

・盧會燦《ノ・フェチャン》＝国会議員。

・李在明《イ・ジェミョン》＝極左的発言で有名。京畿道城南市長。

以上の人たちの傾向は、国家保安法撤廃、駐韓米軍撤収、ＴＨＡＡＤミサイル配備反対、さらに朴槿恵大統領弾劾案賛成などで一致する。結果的に朝鮮労働党の政策路線とも一致する、反韓・反米・反日路線をとる人たちである。

われる。

［共に民主党］党名の「共に」は、金日成の著作全六巻の書名『世紀と共に』からとったとい

［国民の党］金大中元大統領の秘書室長だった朴智元が代表。彼は故金正日と「呼兄呼弟」の間柄だったと称している。

［正義党］左翼労働運動家中心の政党。

［統一連帯］六・一五宣言に立脚した統一実現を主張している。

［全国農民会総連盟］民労総と共に暴力デモを主導してきた。二〇〇五年十一月十五日、農民大会では鉄パイプ、竹槍、角材で武装し、鎮圧にあたった警官隊と衝突、警察官二一八人、農民会員一一三人の負傷者を出した。二〇〇八年の狂牛病デモや最近の朴槿恵大統領退陣要求デモなどの際、バスやトラクターを動員して全国から光化門前広場に集まり、暴力デモを展開する。一九四五年八月の解放直後、農民が人口の八割を占めた頃、民主主義民族戦線傘下三〇〇万会員を擁したといわれる農民会がその始祖とされる。

［韓国国民権研究所］所長は金淳喬《キム・スンキョ》（音訳）弁護士。民族自主共助・統一愛国共助を旗印にし、駐韓米軍撤収運動を中心に反米運動の大衆化・全民化・全国化を追求している研究団体。

［平和研究所］所長は沈義燮《シム・イソップ》教授。二〇〇五年九月十日設立。金日成の主体思想を研究。主体思想の宗教化過程を理解するとキリスト教との相互対話が可能と主張している。

［二一世紀コリア研究所］所長は一九九二年に発覚した非合法の地下組織、朝鮮労働党中部地

域党の党員だった曺徳元《チョ・トクウォン》（音訳）。金正日政権擁護の理論を構築、宣伝することを目的としている。

【国家人権委員会】「人権」という美名をかざし、服役中の武装ゲリラや南派テロリストの再審を司法府に提訴し、無罪を宣告するよう働き掛けている。これを受けて大法院や憲法裁判所の判断や判決をくつがえすのが常例となっている。この委員会は、盧武鉉政権時の二〇〇六年一月九日、大法院と憲法裁判所が不当性を確認した「良心的兵役拒否と公務員・教師の政治活動拡大」などに対する判決に正面からさからう「国家人権政策基本計画勧告案」を発表した。このように最高裁判所の上に君臨する権力の役割を演じている。金大中政権下の二〇〇一年十一月二十五日に発足したこの委員会は、盧武鉉政権下の二〇〇四年八月二十三日、国家保安法廃止勧告案を発表、保守層が強く反発した。

【民主化運動関連者名誉回復報償審議委員会】（**民報償委**）金大中政権下の二〇〇一年八月に設立された組織。主に一九八〇年五月の光州における暴動の参加者や反体制ないしは主思（主体思想）派運動関連者の名誉を回復、報償したと物議をかもしている。最近のインターネット・ニュースによると、韓国は年間三〇兆ウォンも報償金としてついやされていると伝えている。代表的な受賞者には、朴槿恵政権によって解散された反韓親北政党の李石基や現大統領の文在寅、「共に民主党」代表の秋美愛、盧武鉉政権下で国務総理をつとめた李海瓚と韓明淑、「国民の党」代表の朴智元らがいる。

彼らが受け取った報償金は、一人当たり六〇〇〇万ウォンから八〇〇〇万ウォンとされている。朝鮮戦争参戦有功者には毎月二五万ウォンが支払われているが、二〇〇五年から始まった制度で一生にもらえるのは全額で三〇〇〇万ウォンにもならない。ところが、厳密にいって反政府、あるいは反体制、反国家で非合法なデモなどに参加した群衆が国家から多額の報償金を死ぬまで受給しているのである。

彼らに対する優遇措置はまだある。民主化有功者の子女たちは、就職あるいは公務員採用試験に一〇パーセントの加算点が規定されている。この制度で採用された判事や検事、上級公務員は数え切れないというのが韓国の常識である。なお、民主化有功者のなかには、かつての南派間諜やパルチザン、さらには南民戦など反国家団体の構成員も含まれている。

何度か繰り返された西海《ソヘ》（黄海）における北朝鮮海軍との戦闘で戦死した軍人一人に対する報償金は三〇〇〇万ウォンにすぎなかった。こんなことでは、誰が国家のために命を捧げようとするか。デモにでも参加し、民主化有功者になったほうがいいと多くの韓国人が考えるようになったら韓国はおしまいである。

［真実と和解のための過去史整理委員会］（過去史委）盧武鉉政権の中期、二〇〇五年十二月一日に発足した過去史委は、全国連合の幹部であった宋基寅《ソン・キイン》神父が委員長になった。李承晩から全斗煥政権にいたる四〇年間の保守・反共政権時に投獄されたり、有罪判決を受けた共産主義者あるいは共産主義同調者の名誉を回復するための過去史整理がその主な目的である。した

がって、李承晩や朴正熙、全斗煥政権に仕えた人物や親日派と目される人をいたずらに掘り出して制裁を加える代わりに、その反対側にいた民主化勢力即親北反韓人士を補償することが、彼らのいう「真実と和解」であり、「過去史の整理」なのである。

その政治目標は、これまたやはり国家保安法撤廃であり、駐韓米軍撤収、連邦制統一である。過去史委の委員も盧武鉉大統領の大統領府が任命した。委員長の宋基寅神父、委員には聖公会大学の金東春《キム・トンチュン》教授、カトリック大学の安炳旭《アン・ビョンウク》教授、崔一淑《チエ・イルスク》弁護士ら、いずれも親北左翼人ばかりである。

この過去史委は総称であって、政府の部署内にもそれぞれ別の過去史委員会が今なお機能している。国家情報院にも、国防部にも過去史委がある、国家情報院の過去史委は、過去の政権下で「容共分子」とされて追われた人の名誉と権利を回復するのが目的である。その典型が金大中の名誉回復であった。国防部でも、防諜隊によって「容共分子」とされた往年の将兵の名誉回復の調査が行なわれた。

この過去史委とは別に、**親日反民族行為者真相糾明委員会（親日委）**もある。この目的も反日、反米であり、盧武鉉大統領直属の機関であった。その委員長は、二〇〇五年四月に「金日成は独立運動家だ」と発言し、物議をかもした高麗大学の姜萬吉《カン・マンキル》元教授である。彼は、唯物史観や主体思想の立場から韓国現代史（解放前後史）を著述したことで有名な人物である。

親日委のもう一つの重要な狙いは、産業韓国の父とされる朴正熙元大統領に親日派のレッテルをはって「剖棺斬屍」することにあると思われてならない。朴正熙は日帝末期、日本陸士にも留学した満州国軍の中尉であったことは知られている。左翼はこれをもって、朴正熙将軍は典型的な親日派だと決め付ける。特に同じ時期、満州で武装抗日闘争をしたとされる金日成と対比するのである。そしてその最終目的は、朴正熙将軍の遺体を棺から取り出して斬るという行為に及ぶことにあるのだろう。

伝統をけがされた韓国マスコミ界

韓国で最初の現代的な新聞は、公式的には一八九六年四月七日、独立運動家の徐載弼《ソ・ジェピル》が創刊した純国文（ハングル）の独立新聞とされる。その創刊日を記念して現在も四月七日を「新聞の日」として言論界で祝っている。

その前にも新聞の形をした定期刊行物はあった。一八八三年十月三十一日に発刊された漢城旬報や八六年一月二十五日発刊の漢城週報がそれである。このいずれも政府が印刷発行した官報的な性格の新聞であった。本格的な民間新聞の最初は独立新聞であった。一八九八年一月一日には、ミッション・スクールの培材学堂で協成会会報という新聞が発刊された。これはすぐ「メイル（毎日）新聞」と改題されて週刊として発刊されたが、一八九九年に廃刊となっている。

一八九八年四月には、先覚者の一人である尹致昊《ユン・チホ》が京城新聞を創刊、九月に皇城新聞と改題して週刊と日刊を発行した。一九一〇年八月二十九日、大韓帝国が日本に併呑される直後の三十日、日本は統監部の機関紙として毎日新報を創刊した。日本語と韓国語の新聞が別々に出されたという。

日本は警察と憲兵の監視網を朝鮮全土に張り巡らせ、朝鮮人の言論を完全に封じ、一方的に弾圧した。朝鮮の人士はこれに耐えてきたのだが、合併一〇年後の一九一九年三月一日についに爆発した。韓国では「三・一独立運動」と呼ぶが、当時の日本当局は「万歳騒擾事件」と呼んでいた。日本側の記録によれば、「三月一日ヨリ四月三十日ニ至ル間ノ騒擾……調査ノ結果ニ依レハ（暴民側ノ死傷ハ）約一千五百名ニ達セリ」となっている。[66] 同じく日本側の記録では、憲兵六人、警察官二人が死亡している。

この事件のあと日本は、総督を陸軍の強硬派だった長谷川好道から海軍の穏健派とされる斎藤實に交替、それまでの武断政治より文化に重点を置く支配に転換した。その一環として、朝鮮人自ら日刊新聞を発行させるよう計らった。そこで誕生したのが朝鮮日報と東亜日報であった。一九二〇年三月五日に発刊された朝鮮日報は、比較的穏健な朴泳孝《パク・ヨンヒョ》を社長にすえた。同年四月一日に発刊された東亜日報は、湖南地方最大の地主だった金性洙が創刊した。総督府の言う通りにならない両紙は「民族紙」として知識人の精神的な拠り所となった。

解放後も朝鮮日報、東亜日報の両紙は、保守・反共路線を歩み、新聞界の双璧をなしている。

解放後、創刊される新聞は雨後の筍のようであったが、現在まで生き残っている日刊紙は、京郷新聞とハンクック（韓国）日報ぐらいだ。

今日、朝鮮日報、東亜日報と並んで三大紙の一つとされる中央日報は、三星財閥系で一九六六年九月に創刊された。現在、社主の洪錫炫は、三星財閥の創業者、李秉喆氏の娘婿の子息で、盧武鉉政権下で駐米大使を務めた。そのせいか、中央日報は左傾化しているともっぱらである。このほか、反政府というよりは親北朝鮮的な報道、論調を堅持するのがハンギョレ（同胞）新聞と京郷新聞である。

ＴＶ放送は三つの地上波放送がある。日本のＮＨＫにあたる公営の韓国放送（ＫＢＳ）、政府出資の文化放送（ＭＢＣ）、純民間出資のソウル放送（ＳＢＳ）だが、どれも似たり寄ったりの「進歩」を標榜するが、実際はみな左傾化している。というのは、記者、プロデューサーなど従業員は、全員が民労総傘下の全国言論労働組合連合（言労連）のメンバーであるからだ。こういう構造だから、反政府デモは大きく報道され、その参加人員もあてにならない主催者発表の数字だけを伝える。反政府デモだけではなく、例えば同じような規模で朴槿恵大統領支持の集会も行なわれていたのだが、それは報道されなかったり、故意に小さく扱われるのが常となっている。新聞報道も同様である。

一世紀を越える伝統ある言論界が、どうしてこんな惨めな姿になってしまったのか。マスコミ関連に入る最初からが左翼に支配されているからだ。新聞や放送の記者になるためには、各大学に設けられている反体制・親北の言論アカデミー・サークルをへなければ、入社試験も受けられない仕組みになっている。そこでジャーナリスト志望の学生は、大韓民国を否定する歴史を学ぶ。その歴史とは、李承晩や朴正熙をけなし、「武装抗日独立闘争の英雄」と金日成をたたえ、その主体思想なるものを学び洗脳されていく。それに反発すれば、事実上、受験資格すら与えられない。

新聞記者などの入社試験は、どの国とも同じく社長、主筆、局長といった幹部社員による面接で決まる。韓国の場合、これに労働組合の委員長が加わる。社長が合格としても、この労働組合の委員長が不合格と判定すれば、どんなに優秀な学生でも入社は叶わない。その委員長とは、いかなる組織の一員であるかは語るまでもないだろう。

保守派とみなされる朝鮮日報や東亜日報に運よく入社できても、さらなる苦難が待っているのが現状だそうだ。韓国のマスコミも、主な取材先では記者クラブ制をとっている。そこに保守系新聞社の記者が配属されると、仲間外れ、疎外される。日本でよくいう「イジメ」や「パワハラ」だ。これでは仕事にならないので、内心、忸怩たるものはあっても妥協して折り合いをつけるしかない。

朴槿恵大統領弾劾に反対するデモは「太極旗集会」と呼ばれたが、二〇一六年十一月初旬から始まり、毎週末に集まる人数は増え続け、憲法裁判所で大統領罷免が裁決された二〇一七年三月十日と十一日に最高潮に達した。ソウル市庁前の広場に集まったのは一〇〇万人を超えた。ところが、韓国のマスコミはこれを大きく報じなかった。

太極旗勢力は、大統領選挙を前に去る四月五日にソウル市内の奨忠体育館でセヌリ党創党大会を開催した。体育館の最大収容能力は約六〇〇〇人だが、一万を超える人々が押し寄せた。しかし、韓国のマスコミはこれを一切報じなかった。良識ある人々は憤った。TV放送も新聞も、執権政党であったセヌリ党の復元、現状に不満を感じる人々の力を結集する政党の大会を、ただの一字も、ただの一行も報じなかったのである。

これが、韓国マスコミの実態といえよう。なぜなのか。その理由は誰も知らないし、知ろうともしない。しかし、私は私なりに信じるところがある。それは、韓国の言論界は朝鮮労働党の支配下、もしくは少なくとも強い影響下にあるからである。記事の掲載あるいは放映の決定権は、新聞社や放送会社の編集責任者より、労組委員長や労組所属のプロデューサーが握っているようにも見受けられる。

例を挙げればいくらでもある。韓国のTV放送は例外なくほぼ毎日、金正恩の動静や彼が査閲する軍事パレードを放映する。これで韓国の視聴者は知らず知らずのうちに、金正恩や北朝鮮軍に馴染んでいき、究極的には親近感を持つにいたる。高度な心理戦の一環であるといえよう。

はなはだしくは、朴槿恵大統領が国民に対する談話を発表する背景に、北朝鮮の国旗を掲げるシーンがさりげなく挿入されたこともあった。これは国家保安法に抵触することであるが、誰もなんとも言わない。また、一九九四年七月八日に金日成が死去したが、その日の午後五時から「金日成一代記」を、こともあろうに公共放送のＫＢＳが放映したのである。

このような一連の事実が示しているのは、北朝鮮労働党の指令、少なくとも韓国のマスコミの労組との協調なしでは考えられないということであろう。したがって、韓国のマスコミによる偏向報道は、北朝鮮当局と連携して行なわれていると確信するものである。

註

（1）金成萬海軍少将著『韓国国民の二つの選択』

（2）同前

（3）同前二四頁

（4）同前

（5）趙勝一中領（一九六七〜七〇年、国連軍司令官連絡将校兼通訳官）証言

（6）同前

（7）周永福元空軍参謀総長証言

（8）休戦線はいつ北朝鮮軍の奇襲攻撃によって突破されるかもしれない。奇襲攻撃された場合、米軍は増援部隊を急派することになっているが、敵の突破に間に合わない場合も考えられる。米軍が休戦線に常時配置していれば自動介入できる。この配置を韓国では引継鉄線という。

（9）首都ソウルから直線距離で約五〇キロメートルの西北の休戦線上に設けられた直径六〇〇メートルの円形の共同警備区域（ＪＳＡ＝Joint Security Area）。一九五三年に休戦が成立した時から国連軍一個大隊と同規模の朝鮮人民軍が共同で警備する軍事休戦委員会の会談場所。一九七六年八月十八日、この区域で国連軍が視界を遮るポプラの木の枝を切る作業中、人民軍兵士が米軍将校二人を斧で殺害。以来、ＪＳＡも真ん中の軍事分界線にコンクリート・ブロックで境界線を引き、別々に警備することになった。

（10）二〇一六年十一月十六日、ワシントンを訪問した与野党の国会議員七人が代表的ネオコンとして知られるジョン・ボルトン元米国連大使との会見の席上のボルトンの発言
（11）『北朝鮮を資料で見る一九四五〜一九八八』東亜日報刊、一九八九年、三〇三〜三〇五頁。朝鮮民主主義人民共和国最高人民会議名義で米国議会に送った書簡
（12）U.S.Army in the Korean War *"Truce Tent and Fighting Front"* P532. Published by the Office of the Chief of Military History
（13）ドン・オーバードーファー著『二つのコリア』共同通信社刊、三六九頁
（14）朝鮮日報、二〇一六年十二月二十四日付
（15）同前
（16）Foreign Relations of the United States、1950、七八七〜七八八頁
（17）同前七八九頁
（18）同前七八五頁
（19）『防衛ハンドブック２０１５』朝雲新聞刊、五二三頁
（20）週間貿易、インターネット貿易ニュース（wtrade 07 @gmail.com）
（21）李度珩著『建国の父　李承晩』九八頁
（22）高麗朝忠烈王十一年（西暦一二八五年）、一僕僧が記述した歴史書
（23）『新編　日本史』原書房、一〇八頁
（24）金聲翰著『秀吉朝鮮の乱（上、下）』光文社
（25）ソウル中心部、光化門の奥に位置する李王朝時代の王宮。青瓦台の東に向かい合っている。
（26）月刊『韓国論壇』二〇一四年三月号一〇二〜一二一頁。在米のキム・テリョン博士の論文。光

州事態は一九八〇年五月十一日、井邑東学祭からはじまったとの内容
(27)『戒厳史』陸軍本部編 一二四頁
(28) 同前一四〇頁
(29) 壬午軍乱、一八八二年。日本軍教官による新式軍隊の訓練養成に反発する旧軍人らの反乱。日本公使館を襲撃放火し、花房義質公使は緊急帰国する。
(30) 陸奥宗光著『新訂　蹇蹇録』岩波文庫 二二頁
(31) 野口裕之の軍事情勢、インターネット産経ニュース二〇一六年十一月十四日「北朝鮮の細胞に無政府状態にされていく韓国。反日で従北で親中事大主義の国がまたも日本に国難をもたらす」
(32) 朴錫興著『韓国近・現代史の争点研究』一二三～一二四頁
(33) 月刊『現象と真相』二〇一六年十月号、六五～七五頁
(34) 同前七〇頁
(35) いわゆる「新軍部」といわれる全斗煥将軍率いる軍部による七年間の独裁にあきた韓国国民は、大統領間接選挙制度を直選制に変えよとの要求が高まった。これに、次期大統領を狙う盧泰愚与党民正党代表が大統領直選制を含む八項目の民主化宣言をする。一九八七年六月二十九日発表、六・二九宣言
(36) 一九六〇年三月十五日に行なわれた大統領選挙が不正選挙であったと慶尚南道馬山でデモがあった。このデモに参加した高校生の金朱烈君が警察の催涙弾に当たり死亡、遺体が海岸で発見された。これに刺激されたソウルの各大学生が大規模なデモを繰り広げ大統領官邸近くまで押し寄せ、警察の発砲で二〇〇余人が死亡した。これを韓国では、四・一九学生義挙または四・一九革命とも呼ぶ。
(37) 太上王とも呼ぶ。王が王位を譲ったあと、なお生存中の前王を指す尊敬語

（38）ＳＮＳ二〇一六年十二月三十日付。金平祐元大韓弁護士協会会長による「勝手に弾劾する検察と国会」
（39）『北韓概要』韓国統一院発行、四三八頁
（40）一八九六年、先覚者の徐載弼と尹致昊などが創刊した韓国最初の国文新聞。彼らは独立協会を創立、その機関紙の独立新聞を創刊、李承晩もそのメンバーであった。
（41）柳永益著『李承晩大統領の業績　巨視的再評価』延世大学校出版部、二〇〇六年
（42）同前五四五頁
（43）高正一著『不屈魂　朴正熙』東西文化社、第三巻、九一頁
（44）李度珩著『黒幕　韓日交渉秘話』朝鮮日報
（45）ポリコゲ。直訳すると「麦峠」。昔、韓国の農民は毎年の収穫穀物を節約して食べても麦を刈り取る六月前後まではもたない。従って春になると農家は飢え、餓死者が続出する。それで春は越え難い飢えの峠を越えなければ生き残れないの意
（46）京郷新聞社編『要録第五共和国』一八五〜二二八頁
（47）月刊『韓国論壇』一九九三年一月号カバー・ストーリー
（48）李度珩著『金大中　韓国を破滅に導く男』草思社、一六六〜一七〇頁
（49）趙甲済ドットコム『金大中の正体　趙甲済の追跡報告』一六二〜一六三頁
（50）一九五〇年七月十四日、李承晩大統領は指揮統制も、装備も脆弱な韓国軍の指揮統制権を国連軍司令官のダグラス・マッカーサー元帥に委託した。以来、戦争が完全に終結していない休戦状態の韓国軍の作戦統制権は依然として駐韓米軍司令官を兼務している国連軍司令官に委ねられている。
（51）月刊『韓国論壇』二〇〇三年五月号、四四〜五一頁

(52) 趙甲済ドットコム『盧武鉉・金正日対話録全文と解説』二三〜二七頁
(53) 宋昊淳著『氷河は動いている』創批社、四四六〜四五二頁
(54) 『この民族を生かす統一の道』全教組出版局
(55) 震檀学会編『韓国史年表』乙酉文化社
(56) 森田芳夫著『朝鮮終戦の記録―米ソ両軍の進駐と日本人の引揚―』巌南堂書店、一九四頁
(57) 李度珩著『建国の父　李承晩』韓国論壇、九八頁
(58) アジェンデ、一九七〇年にチリに誕生した社会主義政権、七三年ピノチェトによるクーデターで崩壊。以後、ピノチェト軍事独裁政権が一九九〇年まで続いた。
(59) 金東赫著、久保田るり子編『金日成の秘密教示』産経新聞社、一〇四頁
(60) 『公安情報』一九八〇年三月、五五頁
(61) 一九七五年四月、筆者が慶應義塾大学新聞研究所の訪問研究員だった時、宇都宮徳馬議員が三田のキャンパスで特講をした。彼に名刺を渡したところ、「朝鮮日報外信部次長」の肩書を見て、「自宅に遊びに来い」と言う。おそらくは、朝鮮日報を北朝鮮の新聞と勘違いしたのだろう。そこで五反田にあった宇都宮邸を訪問し、金日成との関係についてさまざま聞くことができた。
(62) 前掲書『金日成の秘密教示』一〇五頁
(63) 金成昱著『大韓民国赤化報告書』趙甲済ドットコム、四七頁
(64) 趙甲済ドットコム『大韓民国の教科書ではない』一九頁
(65) 『韓国史　高校用』東亜出版社、二七三頁
(66) 近藤釼一郎編『朝鮮近代史料』朝鮮総督府関係重要文書選集九、万歳騒擾事件(三・一)運動一、二九頁

結びにかえて――「恨」と民族主義がもたらした事態

韓国人は「恨の民族」といわれている。「恨」を直訳すると「うらみ」になるが、それよりもっと深く、複雑な含蓄がある。

韓国には「潔い」という単語がない。「潔く死ぬ」とか「潔く勇退する」と武人の社会ではよく使われる。武人の社会では一定のルールのもとで真剣勝負をし、勝ち負けが決まる。勝者は驕らず、敗者は僻まず、潔く結果に承服する。

崇文賤武社会の韓国では、命を賭ける真剣勝負がない。文言で相手を斬る、それも隠れて斬る。最近、流行っているSNSやインターネットでも、匿名で憎い相手に切り掛かる。卑怯きわまりない。

この傾向は朝鮮王朝時代に激しかった。王朝五〇〇年を象徴するといっても過言ではないのが「士禍」である。敵が侵略してきても、戦うよりは内部の責任を追及する文言ばかりが乱舞する。そして敵は容易に朝鮮と朝鮮民族を蹂躙する。婦女子が凌辱されても、千年社稷《しゃしょく》が滅ぼされても仕方がない。国が滅んでも、敵に報復するとか、臥薪嘗胆と力を養い、仇討ちするという考えはなく、悔しさがそのまま心の中に滲みて濁る。それが韓国人特有な「恨」というものではないかと考える。

そのような「恨」と民族主義が混淆《こんこう》して、核兵器と弾道ミサイルをもって民族的な恨を晴らそうとするのが、北朝鮮の国家運営のもとになるイデオロギーではなかろうか。今回の大統領選挙の直前、韓国のマスメディアは、韓国人の六割強が次期大統領は保守よりも「進歩」主義者を望むとの世論調査結果を一斉に報じた。実際その通りになった。

韓国での保守のイメージは、権力の腐敗、権力と財閥の癒着である。従って「進歩」を選ぶ大多数の韓国人は、「保守退陣」や「財閥解体」などを求める。彼らは果敢に財閥を解体し、米国による束縛から解放して民族同士で統一を達成したいと望む。これにこたえているのが、「共に民主党」の大統領、文在寅である。それに対して保守政党は四分五裂の状態で、大統領候補の選出すらままならなかった。

米国のトランプ大統領は、二〇一七年二月初旬にマティス国防長官を真っ先にソウルに派遣、韓米同盟を改めて再確認し、早期にTHAADミサイルの配備を約束した。もしも韓国の進歩的新政権がTHAADミサイル配備に反対するならば、米国は駐韓米軍を撤収させるにちがいない。なぜならば、三万人もの米軍人とその家族を北朝鮮の核とミサイルの脅威にさらすわけにはいかないからである。

そうなると大韓民国は消滅するに等しい。日本は、いずれ訪れるそのような状況に備える必要があろう。ほかでもない、難民の問題である。玄界灘は泳いでも渡れる距離だ。ヨーロッパ各国の悩みの種となっているシリア難民どころではない。韓国から逃れる人は、一〇〇〇万人内外になるだろう。陸海空から押し寄せる韓国の難民を前に、日本としてはどうやって対応し、措置を講じるのか。二〇一七年以降、有史以来最大の難題になるであろう。

二〇一七年六月三十日

ソウルにて　李度珩《イ・ドヒョン》

著者略歴――――
李度珩　イ・ドヒョン
1933年、ソウル生まれ。50年、ソウル工高在学中に軍隊に入隊。53年、陸軍中尉任官。アメリカ陸軍広報学校修了、陸軍政訓学校教官。64年、予備役編入、陸軍大尉。この間、62年、建国大学国文科卒業。64年、朝鮮日報社入社。ベトナム特派員、外信部長、日本特派員、論説委員を経て、92年退社。75年〜76年、慶應義塾大学新聞研究所留学。金大中政権以来、最も厳しい言論の締めつけを加えられながら、これに抗して、鋭い批評活動を展開。現在、四百三十余名の会員を擁する新聞・放送ウォッチャーの会Argus会長。会誌「現象と真相」（月刊）発行人。韓国戦略問題研究所顧問。韓日協力委員会常任理事、英国戦略問題研究所元会員、日本国際文化会館会員。著書に『韓国人が見た日本』（共著）『金大中　韓国を破滅に導く男』『ソウル発信　日本検証』『北朝鮮化する韓国』ほか多数。

韓国は消滅への道にある

2017年 9 月 20 日　第1刷発行

著　者　李度珩
装幀者　前橋隆道
発行者　藤田　博
発行所　株式会社 草思社
〒160-0022　東京都新宿区新宿1-10-1
電話　営業 03(4580)7676　編集 03(4580)7680

組　版　株式会社キャップス
印刷所　中央精版印刷株式会社
製本所　大口製本印刷株式会社

ISBN978-4-7942-2299-2 Printed in Japan　検印省略

草思社刊

金大中　韓国を破滅に導く男

李度珩　著

「民主化の闘士」は北朝鮮のエージェントだったのか。その言動を追い続けた韓国有数の論客が対北不正送金事件など数々の疑惑の核心に迫る。青瓦台が震撼した問題作。

本体 1,600円

北朝鮮化する韓国

李度珩　著

半世紀にわたる北朝鮮の対南工作の実態と、これによって蓄積された歴代政権の「負の遺産」を明らかにし、その結果もたらされた韓国社会の危うさを鋭く指摘。

本体 1,600円

朴正熙、最後の一日

韓国の歴史を変えた銃声

趙甲済　著
ベ・ヨンホン　訳

一九七九年十月二十六日の大統領暗殺に至る最後の二十四時間を綿密な取材により再構成。事件の真相と知られざる朴正熙の人間像を明らかにする。

本体 2,200円

【文庫】

若き将軍の朝鮮戦争

白善燁回顧録

白善燁　著

北朝鮮の南侵の狙いは何だったのか。第一線で戦った名将が休戦までの時々刻々をヴィヴィッドに描き、南北分断を生んだ戦いの真実を明かす。朝鮮戦争史の決定版。

本体各 1,200円

＊定価は本体価格に消費税を加えた金額です。

【文庫】
「日本の朝鮮統治」を検証する
1910—1945

アキタ、パーマー 著
塩谷紘 訳

二人の米国人研究者が可能な限り客観的に検証、日本の統治は「九分通りフェア」だったと結論づけた瞠目の書。第4回国際理解促進優良図書特別賞受賞。

本体 1,100円

検証 日本統治下朝鮮の戦時動員
1937—1945

B・パーマー 著
塩谷紘 訳

英語圏では空白の研究領域だった「朝鮮の戦時動員」を可能な限り公正に検証。民族史観的な通説とは大きく異なる実相を明らかにする。新世代による「統治史」研究。

本体 2,800円

日本帝国の申し子
高敞の金一族と韓国資本主義の植民地起源
1876—1945

エッカート 著
小谷まさ代 訳

朝鮮初の大企業「京紡」の興隆を軸に、朝鮮の近代化と戦後韓国の経済発展に日本が与えた影響を公正に検証。ハーバード大教授による朝鮮統治史研究の最重要資料。

本体 2,400円

日本・韓国・台湾は「核」を持つのか?

フィッツパトリック 著
秋山勝 訳

北朝鮮、中国の核武装国に対峙する「潜在的核保有国」と呼ばれる三か国の核をめぐる状況。日本で報じられていない驚きの実態を国際戦略の専門家が客観的に分析。

本体 1,800円

＊定価は本体価格に消費税を加えた金額です。

草思社刊

【文庫】
朝鮮開国と日清戦争
アメリカはなぜ日本を支持し、朝鮮を見限ったか

渡辺惣樹 著

日米が独立国と認め、日本はそのために戦ったにもかかわらず朝鮮は自らを改革できなかった。米アジア外交の視点を加え、日清戦争の解釈に新たなパラダイムを示す。

本体各 1,200円

【文庫】
ルーズベルトの開戦責任
大統領が最も恐れた男の証言

フィッシュ 著
渡辺惣樹 訳

元共和党重鎮が、戦争反対世論をねじ伏せ、対日最後通牒を隠してアメリカを大戦に導いたとしてルーズベルトの責任を厳しく追及。戦争史を一変させる重大証言。

本体 1,000円

裏切られた自由（上）
フーバー大統領が語る第二次大戦の隠された歴史とその後遺症

フーバー 著
ナッシュ 編
渡辺惣樹 訳

元アメリカ大統領が第二次世界大戦の過程を詳細に検証した回顧録。ルーズベルト外交を「自由への裏切り」と断罪するなど、従来の歴史観を根底から覆す一冊。

本体 8,800円

誰が第二次世界大戦を起こしたのか
フーバー大統領『裏切られた自由』を読み解く

渡辺惣樹 著

元アメリカ大統領が生涯をかけて記録した大戦の真実とは？ 半世紀にわたって封印されていた大著を翻訳した歴史家が、まったく新しい第二次大戦の見方を提示。

本体 1,700円

＊定価は本体価格に消費税を加えた金額です。